# 让爱成为一种能力

## 在亲密关系中学会爱的艺术

黄士钧（哈克） 著

北京师范大学出版集团
BEIJING NORMAL UNIVERSITY PUBLISHING GROUP
北京师范大学出版社

# 推荐序

## 在关系里，让"爱"和"愿意"保持活络

叙事治疗取向讲师　心理咨询师　黄锦敦

看到哈克写"亲密关系"的书，让我想到两个画面。

这几年在我和哈克合作的工作坊里，我一次次见证哈克陪伴许多在亲密关系里受困的人。我常见的画面是哈克做治疗示范，主角在工作坊里说着自己的困境故事，专注的哈克听到某个段落，就为主角选一首音乐，按下播放键，瞬间，音乐和主角的故事交织在一起，钻进了现场每个人的心里。接着他拿起麦克风说话，主角的伤即转化成泪珠，大串大串地掉落，疗愈之路，随着音乐继续前行，爱，在哈克的话语里有层次地晕开。主角因为委曲被理解，因伤痛被承接；人被珍惜呵护，于是内在就开始移动，找到可以继续前行的路。在这样的画面里，"陪人走过关系的困境"是哈克的专长。

在工作坊的哈克，是一个很有天赋的治疗师，但在生活里的哈克，平凡如你我，也会受困在关系里。这几年来，有几次我接到快垮掉的哈克打来的电话，在电话的那一头，那个夹杂着委屈、伤心、愤怒、挫折的哈克，像是被 KO 倒地的拳击手，连起身的力气都没有。哈克并没有因为他是"有天赋的治疗师"，就能豁免在关系里的困境，该发生的，看来他一样也没少。

我想，就是因为他生命里同时拥有这两个画面，才能成就这样的一本好书。

在书里，常看到哈克这类的自我对话："……痛苦坐在床头生闷气的我，问自己说：怎么会这样？没有其他的可能性吗……下次如果又重演一次这样的戏码，我可以加入哪些新的好东西？"其实这几年，我观看在关系里受困的哈克，让我最佩服的是：即便他被 KO 倒地，每次只要他能量稍微恢复，就会挣扎站起，回过身来，看看有没有办法能让关系里的爱，继续流动。所以哈克几乎是我看过，最愿意也最能够在亲密关系里"研发新方法"的人。因此这本书里集结了许多哈克独家研发的法宝，说着关系如何亲近？困境如何突破？有步骤、有句型，所以，这是一本可以具体操作的实用手册。

但在长期关系里，如果只讲方法，会发现很多时候根本行不通。因为在长期的关系里，碰撞摩擦难免，解决的速度常跟不上碰撞的到来，一不小心，就从爱侣变成怨偶。心里都知道，对彼此的爱还在，但因为摩擦逐次累积，那份爱和愿意，就被锁在一层又一层的柜子里。爱和愿意一消逝，再好的方法，也毫无用武之地。

哈克的生命，好像早知道这一点。

好几次我看着哈克与其夫人、孩子之间简单不过的生活互动，回到家里，自己对家人都会温柔了起来。阅读哈克这本书，感受最深刻的还是这种力道，当我读到"因为有人这样凝视我们，我们才敢偷偷地相信我们值得被爱……不如我先发动，好好凝视你""……照顾这颗心，让这颗心在一年一年努力的长大之后，有被带回家的好时机"，不知不觉中，温柔已钻进了自己的心里。

我细思，这种温柔从何而来？我想，是心中的"爱"被唤醒，是心中的"愿意"也被撑开了。在关系里，"爱"和"愿意"如果能保持活络，所有联结关系的方法，才会有真正的生命。

因此你在阅读此书时，可别忘了好好跟随着哈克的文字，让他把你心中已沉睡的爱，一个个叫起床，让苏醒的"爱"创造"愿意"的大空间，好搭配他所研发的诸多法宝，让我们在亲密关系里，有整套的好东西可以使用。

如果说爱、愿意和方法，是通往亲密的路径。在这本书里，我们可以看见哈克透过这个路径，不断地搓揉着两条线：爱自己的线和爱对方的线。透过这两条线才能织出一块名为"亲密关系"的织锦，我想，这是走向健康关系的重要途径。

愿意照顾好自己，也愿意照顾着对方，让关系在这过程里逐次搭建，这样的关系才会令人迷恋，渴望长久。就让哈克的文字领着我们，往此境地前行吧！

# 自　序

## 成就一片爱的森林、蓄满一座爱的水库

　　爱情里有人浓烈，有人清淡。浓烈的人爱起来，惊天动地浓情蜜意；清淡的人爱起来，稳定如流水，不细细品尝会以为没有爱在那里。浓烈的人，给爱给得慷慨澎湃，收爱收得感动莫名、笑声泪水不停；清淡的人，给爱给得安静，收爱也淡定无声。清淡的人遇到清淡的人，有时候会觉得人生有些无趣；浓烈的人爱上浓烈的人，一开始会觉得是天上掉下大大的礼物，时间久了出现摩擦、强力碰撞时，常以决裂收场。因此，大部分的时候，伴侣常常是浓烈的人和清淡的人遇在一起。我自己偏浓烈，我们家夫人偏清淡。

　　浓烈的人，一开始会爱上清淡之人的稳定、不慌张，像是自己的狂乱有了港湾；有了家、有了孩子后，浓烈的人会发现：孩子生病时，自己会出现强烈的担心与慌张，而家这艘船，在风雨飘摇之际，清淡伴侣稳定而理性的样子，则是稳稳的心锚。清淡的人呢？清淡的人偷偷地想，有味道浓厚又精彩的伴侣在身旁，生命说不定会有意思一点，然后，真正享受浓烈生活的伴侣亦为自己的生命焕发添加着独特风味。只是，浓烈的人，给爱给得很大很强很热，清淡的人不管如何回应，看起来都微不足道。于是，浓烈的人很失望，清淡的人很挫折。于是清淡的人，埋怨浓烈的人说："我实在不知道，你怎么那么不理性？你怎么这么容易被

情绪淹没？"而浓烈的人，痛骂清淡的人说："我都已经做这么多了，你为什么都没有感觉？你为什么那么没反应？你为什么不能多感受一点我感受到的？"这样的目光，就好像你买了一台马力强大的旅行车，旅行时可以把一大家子都装进去，连大大小小的棉被枕头都放得下，而你却专心去嫌弃这台旅行车耗油，这样真的是可惜了！

说不定，我们可以离开那个原本固定的视线，然后练习感受到自己，同时也看见伴侣。然后深吸一口气，说："我很浓烈，你真清淡。"或"我偏清淡，你真的很浓烈。"

有了这样的看见，似乎还不够。因为关系那么近，碰撞争吵依然会发生，于是，我们要在关系里继续想办法。我们家两个女儿，从小只要吵架，我都会过去，说："不舒服了！来，来想办法。"我很少说谁对谁错，我鼓励她们两个努力想办法。有一回开车载孩子去旅行时，我问女儿说："你们知不知道爸爸最喜欢你们怎样？"两个女儿七嘴八舌地回答说："爸爸喜欢我们亲爸爸、爱爸爸！爸爸最喜欢我们会想办法！"哈哈，我听了好开心，两个小妞妞真的有收到这个好东西呢！

这本书，就说着"怎么在亲密关系里想办法"。

想办法，要更懂自己，所以可以说清楚自己。

想办法，修出付出爱的水库，越来越有充沛不枯竭的爱可以给。

如果说，我的第一本书《做自己，还是做罐头？》是为了让青春得以不慌乱；那么，这第二本书《让爱成为一种能力》，则是期盼爱的小船不轻易沉没，甚至有机会在亲近关系里遨游丰富的春夏秋冬。

爱，对我来说，不只是遇见那个迷人之人的浪漫刹那，更是一处只有愿意加上爱的能力，才有机会充满生机的爱的森林。这本书里的故事，有些是根据真实的生命经历改编的，有些是一字不漏地把当时的话语节录下来。每个故事里的真实人物，都欣然同意我把这些好东西放进书里与读者们分享。有些故事发生在中学辅导老师的研习会场，有些故事是在心理治疗的工作坊里，我做现场示范时的录音逐字稿。真心感谢一起经历美好故事的朋友们，这么大方分享这些若不写下来就可惜了的珍贵故事。

第一本书发行之后，广大读者的喜爱与传递的力道，让我震撼于写书可以产生的涟漪效应。因为这样，我一口气与出版社说好接下来要来完成的两本书，包括这本书，还有接下来的潜意识解梦书。于是，在没有出门带咨询训练工作坊的日子，我总是坐在绿绿树荫下，用最精华的早晨时光写作。期盼着，因为用心的书写，让成长没有那么难；让爱，可以更流动；让故事，一天一天更有机会活出属于自己的味道。

在书里，我常称呼自己的太太为"夫人"。记得刚结婚时，有一回我们去大雪山赏鸟，遇见在林务局工作的苗栗老乡，比我年长二十岁的老乡看着我身旁的女子，用很好听的客家话说："夫人好有气质喔！"可能是因为那一句客家口音太好听，可能是我想用不一样的方式来看待伴侣关系，从那时候开始，我就决定用夫人来称呼自己的太太。

这本书里，大部分的书写，我都选择使用"亲近关系"，而少用大家通用的"亲密关系"。原因主要是，我觉得"亲密"是老天爷眷顾的礼物，不是强求可以得来的。而"亲近"是有机会像栽种树林或果园花园一般，因为长期的辛勤耕种，在合适的季节播种、浇水、看顾，而有了后来的丰收。

# 目 录 /

# 1

第一部分

## 如何拥有亲近关系

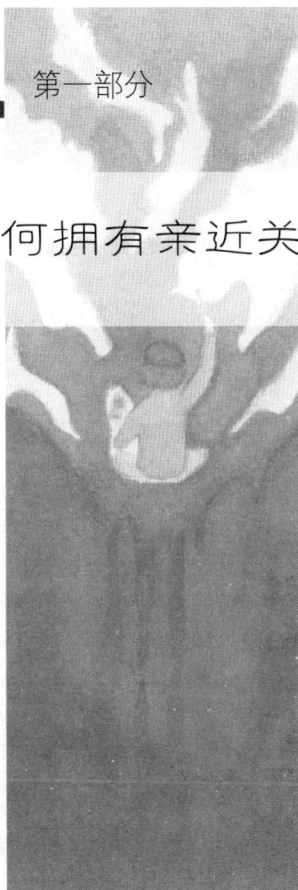

## / 他，是我要的人吗？ /

——盆栽与大树

年轻的朋友经常问我：

"哈克，怎么样才能知道他就是我要的伴侣啊？"

"我们刚认识时很甜蜜，为什么一段时间后就开始不舒服、不快乐了呢？"

"每隔一段时间就要换一个女朋友，好累喔！故事都要重说一遍……"

是啊！年轻的岁月，真的是会这样不断地问、不断地试，接着失望、分手，然后又动心、期待。于是，一次一次地经历了自己真正的爱情经验之后，慢慢有了懂自己的可能。

有次我带领一场高中、高职老师的生涯练习，休息时，一位年轻的辅导老师朝我直直走来，眼睛发亮、气势万千地问我："哈克，你不是说要把我的故事写进书里吗？"

第一个刹那，我心里想的是："你是谁？我认识你吗？"

电光石火间晃神之后，第二个跳出来的念头是："小玲！

八年前我写博士论文时，访谈的故事《小盆栽与大树》的主角小玲！是长大以后的小玲耶!"

无视我的震撼，女老师继续追问："哈克，你八年前写来征求我同意让访谈内容出书的电子邮件，现在都还保存在我的计算机里，你什么时候要出书啊?"当时正处在第一本书《做自己，还是做罐头?》最后校稿阶段的我，赶紧拿起手边打印出来的稿子，翻到"带着走的小花园"那一段，说："这里，这里，你看！虽然短短的，可是有喔。而且，第二本书，我要好好写你那精彩的盆栽与大树喔!"

小玲老师听了微微笑，微笑的心似乎说着："哇！等好久了，真的要看见我的故事被写出来了。"生命有时候很奇妙，辛苦的年轻岁月，如果被好好地说，好好地记录下来，好好地懂，好好地传递，辛苦就不只是辛苦了。

## 两个人需求的拉扯

时间倒转八年，那时小玲还是个青涩的大学女生。她发现自己在关系里头总是顺着男友、找不到原来的自己，觉得好痛苦。而且因为男友突然提出分手，小玲一时之间不知如何是好，于是到学生辅导中心找咨询师约谈。小玲在关系里的困境，是许多年轻生命会遇到的两个人需求的拉扯。就像是第一次面谈时，小玲描述那平凡又真实的两难场景："我常常会去看他练球，有一次我有事要先走，我跟他说时，他的脸色马上整个沉下来……然后我就没讲话，留了下来。"

爱情关系一过了浪漫亲密期，排山倒海而来的挑战之一，就是束缚与牵绊。因为身体靠近了，心里亲近了，于是归属感有了，也真的有机会被关爱、被疼惜了。同时，当关爱、归属、疼惜都发生的时候，在爱的氛围里，有个几乎一定会发生的副作用——就是感到束缚——原本大大的自由，瞬间也变得小小的。

第二次面谈，小玲跟咨询师说，男友提出分手后还来找过她。小玲还说道，之前即使她与女性朋友喝下午茶，男友也会生气，这让小玲在关系中感到束缚。这时咨询师与小玲之间有一段精彩的对话：

　　咨询师：如果可以用一个东西来代表的话，你觉得那个男生是什么？

　　小玲：我直觉他是一个小盆栽，阴暗角落的小盆栽。

　　咨询师：他以前就是这个样子吗？或者他曾经是别的东西？

　　小玲：一开始认识他的时候，我觉得他是一棵大树。没想到越来越认识他之后，发现他是一个小盆栽，而且是被竹篱笆围住的小盆栽……需要我的照顾。后来，我发现自己比较喜欢大树，不想要小盆栽，但又发觉自己走不了，被绑住了……每次一想到大树跟小盆栽，我其实知道："嗯，我还是想要大树。"

这个盆栽与大树的隐喻，实在是太精彩了！

浪漫期的美好，让眼光有了失真的美好投射，于是满心欢喜觉得自己遇见了一棵大树。浪漫期一过，强烈地想独占伴侣的需求悄悄攻占了年轻的心，于是在迷雾之后，需要细心被照料、浇水的小盆栽清晰地在眼前出现。只要曾经年轻的人，回想一下当年的自己，谁不是需要被细心呵护的小盆栽呢！这真的是再真实不过的样子了！

## 我想要一棵可以依靠的大树

咨询面谈的中期，小玲决定写封信来告诉男友自己的期待，但不知道该怎么写，咨询师建议小玲把"盆栽与大树"的故事写下来，以表达自己的感觉。小玲鼓起勇气写下了这封信给男友：

说个故事，你觉得自己像什么呢？
一个女孩看到一棵大树，一棵有动物和人群围绕的大树。站在树下，女孩觉得很快乐、很幸福，可以和朋友在树荫下聊天。女孩想成为大树的园丁，照顾他、陪着他，而她成功了，她成为大树的园丁。
她看到，在大树开朗、温柔的背后，其实是一株躲在阴暗角落、被竹篱笆围着的小盆栽。小盆栽向女孩渴求着水和阳光，一个只能给它、只属于它的水和阳光。小盆栽将女孩绑在身边，不准女孩离开，不让女孩到别的地方去。

一开始，女孩能理解大树转变成小盆栽的原因，也理解盆栽多么需要她。渐渐地女孩不能去拜访其他树了，女孩想要离开，但是，看到需要阳光和水的盆栽，却又好心疼、好舍不得。她多么希望盆栽可以长大，可以去掉周围的篱笆，变成一棵让女孩可以依靠的大树。大树下有花园，可以让别人进来喝喝茶、聊聊天，让女孩可以放心做自己，甚至拜访别人家的花园，她是多么希望！

小玲描述着自己写信的心路历程："我将盆栽跟大树的故事写给他，那时我跟咨询师说，他会不会看不懂啊？咨询师说没关系，试试看。我写给他之后，没想到他看得懂，而且他也写了另外一个故事给我。他问我有没有想过，大树也是从小盆栽开始的；小盆栽也很努力想要挣脱盆栽的局限，只是挣扎的时候需要力量与勇气。他相信自己会变成一棵大树，只是不知道何时能达成。"

收到男友这样活生生又直接的响应，小玲的反应是："好神奇喔！他竟然看得懂！我没想过大树也是从小盆栽长大变成的。但我想若要等他长大，似乎需要很长的时间。"

## 照顾别人的同时，也不忘顾及自己的心

咨询面谈接近尾声时，回顾两个月来的咨询过程。咨询师问小玲："这段时间里，你自己有没有什么变化？"

小玲："我自己有一个花园，里面种了五颜六色的花。因为只顾着去照顾盆栽，就把自己的花园荒废掉了。"

咨询师："你在这里被绑住了，如果再谈一次恋爱，你的花园怎么办？"

小玲："我要让我的花园是可以移动、可以带着走的。"

最后一次面谈临别前，贴心又有创意的咨询师画了一幅"有轮子的小花园"的画，送给小玲。小玲描述着对自己的理解："我的花园是可以带着走的，当我要去照顾别人时，我可以顺便照顾自己的花园，而不是跑去照顾别人，然后自己的花园就不理了。"

当小玲有了自己的花园之后，要去照顾别人时，也会想到照顾自己。以前跟男朋友在一起会以盆栽为主，现在不管跟谁，自己都有个花园要照顾。

小玲这样描述自己的变化："当我做了一些自己喜欢做的事，或者是让自己觉得比较独立的事，就会放一颗种子到花园。比如昨天我打球时脚受伤了，我室友说，要去看医生喔，要不要我陪你去？我说不用不用，我可以自己去，于是去看了医生之后，觉得做了一件让自己感到更能独立的事了，就转过

头去往花园里丢粒种子。"

咨询结案后的第三天，小玲去看男友打球，因为其他女生都要走了，小玲也直接跟男友说："我要先走了，你自己小心。"在那个当下，小玲决定试着照顾自己的心，照顾自己的小花园。

盆栽与大树这两个隐喻的产生，是出路得以显现很关键的地方。小玲形容两个隐喻在心里的样子："就是看得很清楚，一棵大树在很光亮的草地，然而盆栽就在墙角那小小的角落里。就像照片，咔嚓！然后就留在心里面，也留在脑海里面……不可思议的是，我好像从未这样做过，因为从盆栽与大树的故事当中，我看到了男友在我面前的样子，我觉得自己因而可以用另外一种方式去解读对人的感觉。那个盆栽与大树的画面一直留在我脑海里，当我接近某个朋友的时候，我就会想：'他是一棵大树，还是盆栽？'如果他是大树，我就很高兴；如果他是盆栽的话，我就……哦，他是盆栽！然后就默默走掉……会想这种人还是少碰为妙。"

八年之后，重新书写这篇故事，心里还是浮现许多的喜欢与触动。看男友打球，中途有事要先走，却因为男友不高兴，只好嘟着嘴留下来。这是多么真实又委屈的青春画面啊！话说回来，好不容易打了一场好球，但是女朋友却因为要跟朋友去喝下午茶所以错过了。那又是多么不爽且难以表达的失望啊！

爱情关系经营的关键，不在"挥一挥衣袖离去"或者"委屈自己留下来"的选择，而是有机会在一次一次的尝试里，在自己真实的经历里，找到什么是自己真的重视的、珍惜的，以及享受的。十几年的咨询实战经验里，我有个很有意思的发现：

> 如果你是盆栽，你真的会常常遇见一个又一个形状不同、树种不同的盆栽；
>
> 如果你是大树，你真的有机会遇见森林里的参天古木；
>
> 如果你是斑马，羚羊与长颈鹿都有机会围绕在你身旁；
>
> 如果你是狮子或老虎，小兔子、小狐狸都会惊慌失措地纷纷走避；
>
> 如果你是春天温柔的雨，说不定，真的有一天会遇见秋天美丽的风。

## / 耍赖，是关系里的一种测试 /

——小花豹找小花猫的故事

谈恋爱，有个关卡挺难通过，就是测试彼此念头到来的时候。这时候，其中一方，或者两方一起发动，会不由自主地出现耍赖、容易发火的莫名行为，会不知不觉地出现那些表面看起来不怎么合理，却又精准地射中伴侣死穴的小火箭。

耍赖，其实是亲近关系里的必然。有意思的是，耍赖不是无理取闹；耍赖，常常只是一份测试——想确定这个人是不是真的会爱那个不可爱的我！所以啊，好玩的是，恋爱中的人常常因伴侣的耍赖而疲于奔命，像是"我不管，你每天都要榨橙子汁给我喝！"只要是住在台湾岛的人都知道，每年在十一月到三月之间，橙子汁最好喝。所以，这里出现的"每天"，很明显的，是耍赖、测试。所以啊，重点似乎不只是响应伴侣耍赖的"主题"，而是可以更直接去响应耍赖的这个"情绪"。

我自己，有迎战耍赖的丰富实战经验。二十九岁那一年，刚开始和我们家夫人交往，夫人那时候才二十出头呢！那时候我们分隔两地，主要靠电话联系，有一天，不知道为什么起了争执，在一连串不高兴的说话与好一段无声的冷战之后，电话这头的我深吸一口气，决定这次要来先照顾要赖的伴侣。

那段年轻的岁月，恋爱中的我们，各有一个属于自己的隐喻主角，我是一只白色与咖啡色相间的小花豹，她是一只热爱自由不喜欢被拘束的小花猫。那天深吸一口气之后，我在电话里，说了这个长长的隐喻故事，来照顾并不清楚自己正是那只测试伴侣的小花猫。

来，来说一个小花豹找小花猫的故事给你听。这一天，大大的森林里，小花豹突然找不到小花猫……小花猫去哪里了？怎么突然不见了呢？小花豹心里很着急，在森林里跑来跑去，到处找小花猫。

小花豹想到了森林里最大的那棵树，最高的地方有一个树干分枝，那是小花猫心情不好时，会去吹吹风的地方。对呀！小花豹赶紧跑到大树下，把头抬得高高地拼命往上看，高高大大的树，只有风吹过树梢的声音，没有小花猫的身影……

小花豹认真地想了又想，诶，对了，小花猫很喜欢和小花豹一起去悬崖边看夕阳，会不会在那里啊？小花豹赶紧拔起腿，跑过深绿色的湖，继续跑继续跑，跑过整个大草原，跑呀跑跑呀跑，喘着气终于快跑到了，隔着一段距离，就忍不住大声喊："小花猫，小花猫，你在这里吗？"

小花豹喘着气，终于跑到了看夕阳的地方，唉！空空荡荡的……一点影子都没有，小花猫到底去哪里？

小花豹慢慢地走回森林里，坐在大大的石头上。这个大石头，是小花猫和小花豹最喜欢一起晒太阳的石头了。小花豹叹了一口气，自言自语地说："小花猫呀小花猫，你在哪里啊？"

这时电话的那头，传来小小但清晰的声音说："在这里啦！"

哎呀！那真是全世界最好听的声音了！

"是吗？原来小花猫在这里！真是太好了！好棒喔！找到你。小花豹低着头，看着终于找到的小花猫，用牙齿轻柔地咬住小花猫脖子上软软的地方，轻轻一甩，把小花猫甩到小花豹背上，开心地迈开脚步，小跑步地走向大草原。这一天的风，特别柔；这一天的草地，特别绿；这一天的湖，特别安静。小花猫坐在小花豹背上，轻松地吹着风，似乎也微微笑了起来……"

## 成为能给爱的人

故事说完之后的第三年，我们结婚了。说真的，结婚前一起回想这一段经历时，我们真的都忘了当年到底是争执些什么了。基本上，伴侣争执的主题，其实都小小的，小到只要隔一段时间之后，就不太容易记得。真正争的，常常不是事情，而是想要被爱多一点。我们都忘了当年在争什么，却都清清楚楚地记得那个小花豹找小花猫的故事，让我们度过了当年似乎无解又没完没了的争吵与冷战。

我们想被照顾的，常常真的只是情绪——很想很想确定会有一个人，即使我们无理取闹，他都会把我拥入怀里，完整地疼爱。要不然，找朋友就好了啊，干嘛找伴侣？于是，当我们进入到认真的爱情关系时，这一份不一定意识到的期许，有可能化身成看似无理的耍赖来测试眼前的这个人，会不会这样好好地爱我。

既然有人要测试，我们就来想办法过关。怎么过关？首先，得离开耍赖到底合不合理的思维。爱的世界，包括爱情关系与经营一个家，本来就不是一个只讲对错的地方。测试来时，如果有机会跳开"合不合理"的思考线路，走到另一条大马路上跟自己说："眼前这个无理取闹的家伙，看起来在耍赖喔！会耍赖，表示他真的看重这份关系呢！好，既然看重，我就来看看，可以怎么更完整地给出爱。"这样跟自己说完后，做一个大大的深呼吸，你会发现，成为一个能够给爱的伴侣，没有想象中那么难，真的可以发生在自己身上。

所以，假设你有一个正在耍赖的女朋友，或有一个定期会耍赖、生闷气的男朋友，或者每回到了换季就会闹别扭的伴侣，要不要试试看，把这个"小花豹找小花猫的故事"念给身旁这个正难受着又期待被解救的人听？

你也可以稍微改编一下里面的主角，为你和你的伴侣量身定做两个故事的主角，像是"荒野一匹狼寻找小兔子的故事""大黑熊找大山猫的故事""小狐狸找猫头鹰的故事"。如果有机会真的开口，说一个或念一个故事给身旁的人听，那很可能是新幸福的开端，真心地祝福你。

## / 谈恋爱，不就是要认真吗？/

阿升，是我网球场上的忘年之交，比我小将近十岁的阿升球技跟我不相上下，所以我们两个特别喜欢一起打球。转眼间，我们一起打球的年资已经十年了。阿升在球场上挥汗奔跑时，是个狂野的小子，打完球在一旁喝水、聊天，是个反应快又有趣的大男生。

十年来，我们除了打球，阿升也习惯每隔一段时间跟我报告他的恋爱大事记。这个身体、心智都长得好好的大男生，吸引女生没问题，经营关系却有困难。他不管跟谁谈恋爱，下场都是卡得很难受、困得死死的。不知道为什么，阿升跟每个女朋友的交往都大约持续两年，两年到了，就会发生一次不可收拾的争吵，然后……

有一回，依稀记得是三年多前，一个微凉的秋天周末傍晚，挥汗奔跑打了三盘网球之后，其他球友陆陆续续走了，只剩下我和阿升两个人，四只脚伸得直直的，背靠着还有点夕阳余温的网球场边的铁丝网，我们有一搭没一搭地聊着天，突然，阿升叹了一口很长的气"唉……"

我好奇地问："怎么了？又分手了？"

阿升说："哎呦，每次都这样……我明明对她很好，她要我星期一到星期五不要打球，多陪她，我就很听话说好。她要我先陪她读研究所再去工作，我也乖乖的先读研究所，我明明就这么认真对她，这么认真努力付出……平常吵架，也都是我让她，可是让久了，就会有这么一次忍不住大爆发了！"

## 情感丰富的人，情绪波动也大

唉！这个小子，这么多年来，这样的剧情已经上演好几回了。几年来，身经百战的我已经教了他好多情绪管理的绝招了，包括：

脾气上来的时候，数颜色加数数字。例如："1. 我看到咖啡色的门；2. 我看到绿色的植物；3. 我看到红色的衣服……"

火气下不去的时候，原地做伏地挺身一百下。阿升真的气起来时，会很习惯性的拿自己的拳头打墙壁，把那个捶墙壁的力气拿来做伏地挺身可以暂时把力气消耗掉。去年，阿升这小子还真的因为一时火气下不去，而在商场少女服饰区现场演出伏地挺身一百下。

忍不住要大骂或打人的时候，原地弹跳两百下。这个是我的私房大绝招，我们打网球之前，除了拉筋之外，都需要先原地弹跳一两百下，让大腿小腿的肌肉准备好激烈的球赛。这个球场上的热身活动，在情绪即将爆发之前拿来用，正好可以纾解饱满的怒气。

阿升说，这次吵架发生在女朋友租的套房里，电光石火之际，还来不及做伏地挺身，也来不及原地弹跳两百下，自己的拳头就已经自动化打向墙壁！好死不死，那个墙壁不是实心的，是隔间墙……年轻气盛的阿升，做了一件哈克想做也无法达成的事：一拳打穿了隔间墙。

那一定好痛！

这下子铁定又要分手了。

我懂，因为争吵时一口气下不来，只能用自己的拳头猛捶墙壁来表达无法言说的难受，也想用年轻的力量，撑住快要崩溃的自己，是忍住不打她，无法用力打自己，所以才捶墙壁的啊……我看着阿升，心疼地说："真的是又痛又脆弱喔！一拳下去，关系就碎了……"

阿升是个情感丰富的大男生，因为情感丰富，所以情绪波动也大；情绪波动大，又不知如何承接，就泛滥了。于是，洪水越过土堤，一夕之间淹没了经年累月辛苦耕耘出来的情感庄园，一大片其实即将收成的作物，一夜之间全没了。

## 我想认真经营感情有错吗？

在这个微凉的秋天傍晚，我弯起两条原本伸直的腿，轻轻地捶一捶因为快速奔跑而有点酸疼的大腿，一边喝着运动水壶里的水，一边说："阿升！我刚刚想到可能适合你的一帖解药，想听吗？"

阿升瞬间坐直身子，说："当然要！"

我慢慢地说："阿升，你有没有发现，你经营爱情关系时，很听话、很认真、很努力；可是一点都没有趣、不好玩？"

阿升歪着头想了想，说："好像是喔！"

我接着说："你打完球跟大家聊天时，笑话故事一堆，超有趣的。但我注意到，你只要带其他女生来球场，就会变一个样：很体贴、很乖巧、很不好笑。"

阿升反驳我："不是说谈恋爱就要认真吗？我又不想玩弄感情，我想认真的经营爱情关系，这样有错吗？"

"呵呵，是没有错，只是太可惜。只有认真、听话，爱情关系就像一间四面都是白色墙壁的屋子，太单调太无趣了。"

阿升插嘴说："对啦！那天我大爆发，原本要用你教我的数颜色方法，可是女朋友的房间都是白色的墙壁，都没得数！"阿升说到这里，自己都忍不住笑了出来。

"哈哈哈，这个好笑，算你衰，没有遇到七彩霓虹灯的墙壁。阿升，你看喔！你跟我讲话，就可以这样很好笑。这样幽默风趣的好特质、好能力，不用在亲密关系里，真的、真的、真的太可惜了！"

那个秋天的傍晚，大大的网球场里，安静的只有树叶掉落的无声画面，加上阿升年轻的叹气声。静默了将近一分钟之后，阿升开口："好，我来试试看。很难呢，我不习惯把幽默趣味放在亲密关系里……"

聊着聊着，月亮都出来了。我们背起了装网球拍的球袋，我带着男人的力量，拍拍这个年轻的肩膀——先轻轻拍两下，鼓励他，再大力拍两下，深深祝福他。

有些年轻的心，谨记了家族长辈的谆谆教诲：在爱情关系里一定要认真，少吵架，多配合对方。因为谨记在心，所以卡死了。几年来，不止一个年轻的孩子跟我说过这样的话："不知道为什么，越是重要的关系，越不敢轻松，怕犯错，怕哪里做不好就不被喜欢了。久了，原本能玩耍的好东西越憋越紧，到后来就都出不来了！"

这些孩子，似乎没有机会看见，其实玩弄感情，跟在感情世界里轻松、有趣、幽默、风趣，是不一样的。我们可以认真地爱着对方，同时又有趣好玩、爱说笑。认真听话愿意响应对方的需求，像是电饭锅里热腾腾的白饭，让人有饱足感；说笑话好玩有趣，像是餐后的冰激凌甜点，是会让人有幸福感的。两个，都很重要呢！于是，我们可以拥有一个看待爱情的新角度，用数学公式来表示：

## 好玩≠玩弄，好玩≠不认真

于是，爱情可以好玩，同时可以不玩弄。

从三年多前那个秋天傍晚的长叹之后，我和阿升，又一起打球无数次。刚过的这个圣诞节，我邀请阿升和他交往了三年的女友一起来家里做客。我在厨房料理红酒煨牛腩，一边用眼角瞄着阿升在餐桌上轻松地说着他们一起去法国旅行的趣事，夫人和阿升的女友，听着听着不时爆出笑声来，那个画面，真是太好看了！

### 生活里，幽默趣味可以常常在

生活里面、关系里头，幽默的使用常常被我们给低估了。开个小玩笑，其实可以让很多卡住的心情转个小弯，阴霾的乌云，常常因为笑一下转个弯，就会有光线透进来。我也常常提醒自己，不是每一件事情都需要百分之百认真，有些事情让它好玩就好了。

幽默趣味，甚至还可以用在吵架不舒服的时候呢！我们家夫人有个习惯性的关注重心，她会很自然地把家人女儿放前面，而老公，被习惯性放后头。用隐喻来说，就像一个火车，前面几个车厢是大女儿、小女儿，偶尔想到才会把老公当临时加挂的车厢。我被忽略久了，自然会不舒服，所以，有一天我就有感而发地说："是怎样！我把你当空姐，你把我当空气！"后面再补一句更狠的："老婆，有时候，我觉得你只是一个漂亮的人在家里走来走去而已。"

　　没有预期到我会这么表达情绪的夫人，扑哧笑了出来，对我说："你真的很爱我喔，连生气不舒服都还可以说我漂亮。"好玩的是，从那次之后，我只要对着夫人说："空姐好!""嗨，漂亮的人!"，夫人就会扑哧笑出来，加速忙完身边的事，来到我身旁，凝视一下我这个被她自动化忽略的老公。

　　幽默，带来好玩与趣味；能够展开双臂迎接它，关系里的辛苦，就再也不单调了!

## / 原来争吵可以不一样 /

——我们重来一次，好吗？

　　身边有些朋友，生涯发展不差，吃饭聊天出游的朋友也挺多，看起来条件好好的；可是一碰到亲密关系，就像是按到死穴一样，卡得死死的。刚遇到喜欢的人，可以甜滋滋到不行，可是一过了甜蜜赏味期，吵架来时无法承受，就只能落荒而逃。

　　其实，只要是认真、期待有未来的亲近关系，吵架的发生常常就无可避免，因为吵架生气难受的背后，是期望落空所带来的失落，而希望有未来，当然就会有期望。当彼此重视的与需求有所不同的时候，因为距离近，就容易大力撞到彼此。伴侣关系里，生气的后头，往往还有一句说不出口的话："其实，我只是对关系还抱着希望，还期待着有一天我的需求有机会被满足到。"于是吵起来的时候，每个人都试图大声地说出自己的需要，而越急着说需求，碰撞往往越大，于是无法承受的心，就满出来了。那可怎么办？

　　"重来一次，好吗？"说不定是一帖可以解开这个亲近困境的秘方。先来看看下面这个真实的故事。

那阵子，因为黄阿赧小妹妹刚上幼儿园，于是那一段送她进到教室的路途特别崎岖难行。崎岖的路途里，最困难的是让她走进二楼幼幼班的教室门口。这个难忘的门口镜头里，上演了一回又一回的大哭、死命抓着爸爸妈妈的衣服、进到里面又冲出来扑到爸妈身上……我和夫人陪着这个孩子，扎扎实实地挣扎了两个礼拜。

好几回晚上睡前，黄阿赧和妈妈"睡前说说话"的时间里，妈妈问女儿你今天什么时候有快乐？黄阿赧都会说："去幼幼班有快乐，幼幼班吃吐司有快乐……"这个孩子，其实是舍不得离开她喜欢的我们，去她其实也喜欢的幼幼班。

于是，那个早晨，我骑着摩托车带黄阿赧出门，走过固定的造访地点，先是看一群腰肢纤细的妈妈们跳广场舞，黄阿赧会跟着跳一首，再和我一起去邮局寄包裹，邮局的阿姨会开心地给黄阿赧一个金币巧克力，接下来经过长颈鹿美语课外学校，黄阿赧会跑下车去看看墙上一只又一只大大小小的长颈鹿。一路上，只要是黄阿赧微笑、开心的时候，我都会小小声同时很有力量、像催眠暗示般地说："今天啊，黄阿赧会自己走进去幼幼班……今天早上，黄阿赧会好棒……"

然后，幼儿园到了，最难的时刻来了！我停下摩托车，抱着黄阿赧走上二楼，原本一路上开开心心的黄阿赧，这时候开始跟过去几天一样，在爸爸怀里用脆弱哀求的声音哭着说：

"爸爸，我不要去幼幼班……"于是我一如往常，坐在幼幼班门口旁的小凳子上，怀里抱着大哭停不下来的小妹妹。我心疼着，也懊恼着，明明就已经做了那么多准备，下了那么多催眠暗示，注入了那么多好能量，怎么还是这样呢？

黄阿赧小妹妹哭了一阵子，突然指着幼幼班门口相反方向的走道，小小声地说："去那里！"

我有点迷惑，好奇地问："你要爸爸抱你走一走，然后再进去，是吗？"

小妹妹摇头。

我带着迷惑同时也愿意了解孩子的心，站起来，抱着小妹妹往走道走去，到了走道尽头，小妹妹指着二楼往一楼的楼梯说："下去……上来……走……"这下子我真的迷惘了，同时一把火差点上来，心里的独白是："为什么要爸爸抱你走下去，然后再走上来？难道你不知道爸爸打球刚受伤的脚踝抱你下楼梯会痛吗？"

深呼吸，让火流过去……十几年的心理治疗实务经验，让我清楚知道，这时候发火，只会搞得更惨，小妹妹会哭得更大声。所以，我深呼吸，在吐气的时候跟自己说："让火流过去。"

深呼吸之后的我，抱着全身贴着爸爸的小妹妹，眼睛看着两段往下的楼梯，让自己用心体会，试图再听见一次小妹妹的话，然后心里想着"下去……上来……走……"，刚开始学着用语言来表达的小妹妹，想表达什么呢？

在楼梯口，安静了关键的三十秒之后，我忽然听懂了。

我看着黄阿赦小妹妹说："你要爸爸抱你走楼梯下去，然后走楼梯上来，像是重来一次一样。然后，你就可以自己走进去，是吗？"

黄阿赦小妹妹小小声，但是声音很肯定地说："是！"

这个孩子，这么小，就知道可以重来一次！我抱着小妹妹走下楼梯，忐忑但期待地重来一次，慢慢走上楼梯，然后一步一步走近幼幼班的门口，帮小小的脚脱下鞋子，然后，小妹妹一小步一小步的，自己走了进去。

我含着泪水下楼，对老天爷充满感恩；对这个孩子，充满骄傲。人生，有许多时刻，不能重来。人生，有许多时候，真的可以重来一次。不知道黄阿赦小妹妹是怎么学会的，不想让自己停在哭泣的挫折经验里，而是这么有智慧地请爸爸抱她下楼，然后上楼，为自己创造一个美好、勇敢的经验，用自己的速度，走进去。

## 如果可以让你感觉到爱，我愿意

重来一次，所以故事不用停在切断的那一刻；重来一次，所以故事可以有一点点爱的流动。感谢老天爷，让黄阿赦小妹妹，在三岁的时候，就学会了爸爸妈妈三十几岁才开始学习的功课。

这个孩子，怎么三岁就学会了这个亲近关系的秘方呢？我猜，是她从小看把爸爸妈妈吵架的经验里学来的。因为我和夫人在真实的争吵互动里，不知道练习过多少次的"重来一次"。

依稀记得，刚结婚时，我常常为了很小的事情不高兴。像是我工作很累回家时，夫人没有到门口迎接我。夫人可能正在忙，可能正在网络上跟高中同学聊天……可能是忘了，这个敏感的老公，有一个很核心的需求，叫作"回家时，有温暖的眼睛迎接我"。于是，被写好的固定吵架戏码 ABC 是这样的：

A：我工作很累回家，很想被温暖的眼神迎接。

B：夫人没有用眼睛迎接我，一进门的我，有很深的失望与失落。

C：失落之后我开始生气，但夫人觉得她已经用其他的东西迎接我了，为什么一定要用眼睛迎接我？于是我更生气，接下来夫人开始自动化切断感觉。然后非常害怕被切断联结的我，情绪爆发不可收拾。

这个戏码，不知演了多少次。直到一天，很有智慧又很有意愿的夫人说："那我们重来一次，好吗？"

于是，那天我先深呼吸，甘愿地开门出去。重新开门进来，看见夫人真心地用眼睛迎接这个很"机车"又很真实的先生，然后，我们两人，都浅浅地笑了。这时我在心里说："真是不好意思，谢谢你这么愿意。"夫人也在心里说："这就是你啊。如果这可以让你感觉到爱，我愿意。"

## 重来一次，不只是弥补，更是愿意的勇气

重来一次，不只是弥补。

重来一次，不只是试图补起刚刚因为冲突而产生的一个洞；重来一次，说的是在关系里更关键、更有力量的元素，叫作"愿意的勇气"。当冲突的一方鼓起勇气愿意诚心邀请对方："我们重来一次，好吗？"这样鼓起勇气，是我们愿意一起重来一次，愿意一起再试试，看看有没有机会更好好地爱对方。

说出"重来一次，好吗？"的那个人，要有很大的勇气与意愿。

听到这个邀请，深呼吸说"好"的那个人，也要有很大的勇气与意愿。

主动邀请"重来一次"的那个人，不是认输，因为关系不看输赢；主动邀请重来一次的那个人，因为很可能遭白眼，很可能被不理不睬，所以，能说出口，里头一定也有很多继续爱对方的意愿。这份意愿，里头有一份珍贵的力量：想好好地爱对方，不忍心对方一直待在痛苦的世界里。

愿意回答说"好"的那个人，也不是认输，因为关系不看输赢；愿意回答"好"的那个人，心里需要升起一股支撑自己的力量，因为一旦说"好"，就不能再无止境地沉浸在"你犯了错，我有权力一直生气"的情境里了。

有意思的是，简单的一句邀请"重来一次，好吗?"与简单地回答"好"，就有机会让藏在彼此心底的力量，从底层一阶一阶地走上来，啵啵啵啵涌出来，噔噔噔噔亮起来! 这样的重来一次，像是两个人各出一份力，搭起一座属于我们的木桥，让彼此的爱，仍有接触、交会的可能。

话说回来，有些朋友读到这章时，心里可能会浮现这样的声音："哈克竟然要夫人用温暖的眼神迎接他，这个需求实在很'机车'。哪有人可以天天都这样迎接人的啊?"

哎呀!

的确，这个核心需求，这样听起来实在不太合理。

换个方位来说，我们来看看另一边，我家夫人也有一个挺没有商量余地的核心需求，就是"吵架的时候，不可以大声说话"。争吵时，如果我说话因为激动而变大声，夫人常常会完全关掉联结，不说话、不回应，用冷漠来惩罚因为大声而犯了"重罪"的先生。

这个核心需求，听起来有比较合理吗?

争吵的时候，正常人都会很想大声说出自己的需要，有时候还会用吼的。需要用吼的，是因为心理距离在那一瞬间实在是太远了，就像是对着远远对面山头的那个人说话似的，所以才会拼命地大声说话。我心里的独白是："要我吵架的时候不大声说话，不就等于叫我吃饭不用开口一样吗？"说真的，争吵的时候，还需要轻声细语地沟通，对我来说难度实在是太高了啦！

其实啊，人在亲密关系里的核心需求，常常都不太合理。所以，说不定关键不在于合理与否，关键在于我是不是很爱这个人。因为很爱很爱对方，即使这个核心需求不怎么合情合理，我也愿意，卯起劲儿来，想办法满足他。

## 读懂关系里看似不合理需求背后的真相

再换个方位看一下，当我们只听见伴侣需求的表面描述时，很容易乍听之下觉得挺不合理。但是，如果我们试图读懂表面描述里头的那颗心，我们常常就会自然地深呼吸，心里出现这样的声音说："喔！原来是想要这个喔！"

来拆解一下，上头那两个表面上看起来都挺不合理的核心需求。

争吵时，我一旦大声起来，夫人的反应常常是生气与切断，然后说："你为什么要这么大声！"我回想一下夫人说这句"你为什么要这么大声"时的语气，其实不太像是指责，比较像是恳求。恳求什么呢？恳求一份从小就渴望的温柔对待。想起当初追求夫人时，我不就是因为有好多好多的温柔，才会在众多追求者中脱颖而出吗？这个温柔，不只是对亲近关系的一份小小期待，而是很核心的一份渴望。这份像是恳求的渴望，说的是："可不可以、会不会有一个人，即使在吵架的时候，都可以温柔地对待我？"

所以啊，多年之后，我才终于读懂了。在夫人的心里头，有一个专属于她的数学公式：

**吵架时不大声＝可不可以有一个人真的能温柔对待我**

一旦读懂了这个专属的独特数学公式，下回吵架的时候，我就有机会，不像年轻时那么火爆地回应："哪有人吵架轻声细语的?! 叫人家吵架不大声，根本就是害死人的规则！"而是决定先停下来，深呼吸，然后在心里头跟自己说："吵架时不大声，是夫人渴望的温柔对待，来想想办法，可以怎么样在生气的时候，仍然存有一丝丝的温柔。"好险，我有学过并存。所以，我可以邀请自己的内在，一部分透过生气表达我的需求落空的失望；一部分依然拥有我本来就有的温柔。于是，吵架时的断裂与距离，不至于撕裂我们好不容易才建立起来的联结。

有些时候，因为太生气了，一口气下不来，说不出任何温柔的话语来，我就会运用一篇文章《吵架的艺术》里建议的方法：先去倒一杯温热的开水，端给夫人喝，至少表达一份诚意；或者，状况再好一点点，就去拿梳子，帮夫人轻轻地梳梳头。帮伴侣梳头，是一件很好很好的事情，梳头是手要很温柔的动作，因为生气而被推远了的温柔，常常借由手自然梳着头的动作，就这样直接被呼唤出来了。

让美好的身体行动，走在卡死的心之前，常常是出乎意料的一帖解药。为什么很生气的时候，还要帮她梳头？因为够看重一份关系，所以这次，我帮你梳梳头、降降火，下次有机会你帮我放热水泡泡澡、消消气。

对了，不能只了解夫人、读懂她。我的那个表面上看起来很"机车"的核心需求，也值得被好好拆解一下。

到底是怎么一回事，怎么会有人这么重视：回家开门的那个瞬间，有人迎接？身为一个心理治疗师，我出门去工作，常常是卖力又专注地做一场场的现场治疗示范，陪伴一颗颗一串串的眼泪回到心里的家，那是会心力交瘁的工作啊！于是，工作结束，搭高铁回家……就像是战士出门征战，拖着身上沉重、磨损的盔甲归乡，帅气却又疲惫地下马……

怎么想，也要有人来欢迎一下吧！

写到这里，自己都觉得好笑起来了。好笑的同时，也没有忘记继续懂自己的心。是啊，是想被欢迎，是在努力撑起一片天之后，在奋力照顾一颗颗受伤的心之后，期待着被温柔地接住啊！表面上是想被欢迎，心里头说的是："可不可以，在我开门的瞬间，就不需要再撑了！可不可以完整的被温柔所迎接、承接，从而能够放松下来！"表面上要的是欢迎，骨子里是需要被支持、被接住。

有二十几年吵架经验的我，多年之后，直到书写这篇文章的当下，我才终于读懂了自己，我也有一个专属于我的数学公式：

**回家时被迎接＝可不可以因为被温柔的**
**迎接、接住了，所以不用再撑着了**

怎么那么像？两个看起来很不合理的关系需求，读到后面，都是一份问着"可不可以"的恳求。原来，争吵的时候，我们真的很脆弱、很畏寒、很慌乱、不知所措，所以极度地想要寻得一个温柔的港湾、一处安全温暖的炉火，让自己的心可以休息、可以放心。于是，我们终于懂了，很机车很机车的核心需求的后头，有一份渴求，有一份恳求，有一份从很早很早以前就有的期盼。

亲爱的朋友，是否有什么人让你想练习练习"重来一次"？如果你身边有一个人，让你很想练习重来一次，而且你会真心努力想读懂他（她）在关系里的核心需求，那么，你很有可能是动了真感情！

## / 关系的满足，来自于让情有交会 /

从小，就知道有个词叫作"钱买不到的东西"。这个词像个匾额一样高高挂着，是属于别人的概念。这个概念大脑知道是重要的，但不真的住在我的心里。

直到几年前，接到爸爸心肌梗死病危通知的那个中午，开车赶回大甲的路上，我跟夫人说："如果爸爸渡过这次难关，我一定要常常带女儿回大甲，让爸爸妈妈有机会多享受跟孙女相处的时光……"老天保佑，爸爸很惊险地渡过第一个难关，我也真的开始常常带女儿回大甲，因为生命教会了我"与爸爸的相处时光，是钱买不到的!"于是，这原本高高挂在墙上，像匾额一样的字句，在这一刻钻进我的心里了。

有一阵子我很爱看《商业周刊》，这杂志常常访问很厉害很精彩很棒的成功人士，有一天我突然发现，几乎每个被访谈的成功男人，被专访时都有这么一段话语："……最遗憾的事情，就是错过了孩子的成长。常常回到家孩子都睡了，转眼孩子长大了，想弥补，好像就补不起来了。"看了一个两个三个四个五个……怎么成功的男人，都注定拥有这种遗憾。

　　而我，随着岁月的增长，有些时候也被身边的人归类为成功人士。于是，我心里想着，怎么样可以让自己不要有一天被《商业周刊》访问时也说："虽然我……可是我很遗憾我错过了……"

　　因为累积的专业经验，以及同行的不嫌弃，这几年我担任生涯研习与咨询师训练工作坊讲师的机会逐渐增加。在名望与金钱的世界里，实在是很容易迷失的，有了一些钱，就会想要赚更多的钱，继续更多更多……有时候会停不下来。停不下来，很容易就会有《商业周刊》里的那种遗憾与生命的叹气产生。因此，我深呼吸，让一直往前滚的身子停了下来，问了一个跟钱、名望、地位追求很不一样的问题，我问自己："喜悦、满足，从哪里来？"

　　生活里，我的满足从一些小地方来，像是到车站接从台北娘家回到台中的夫人和女儿，黄阿赧和黄毛毛小妹妹远远就看见等候在外的我，远远地跑过来，一边跑一边大叫"爸爸——"然后一把抱住我！满足，也来自凝视我的父母亲，凝视那一份只有当他们看着孙女时，才会出现的眼神与嘴角的笑意。2012年年底，我回顾过去一整年的生活，问自己："这一年最想记得哪些事？"我在行事历上，写下了几件难忘又想记得的事：

　　一、我终于人生第一次成功地带两个女儿去垦丁玩！

　　二、四手联弹治疗美感工作坊里，和锦敦、祺堂一起合作真过瘾！

　　三、"心动120"七月正式启动，一个个好朋友情义相挺一场接一场！

　　……

　　有意思的是，排名在前面很想记得的事情，都是和人的情有了交会的画面。而要享受这些满足喜悦，都要先"甘于平凡"。甘于平凡的意思是，先暂时放下本来想要追求的卓越、精彩、高人一等。因为甘于平凡，所以能不被追求卓越所占满，因为不强求厉害、精彩，所以能安在，能让心着地，这时候情就有了交会的可能。

## 看见幸福的新定义

　　记得女儿黄阿赧两岁左右的某一天，当时我还在大学教书，学期末了我忙了一整天，终于把学生的学期成绩全部交出去了，那是一个因为太累，累到只能看电视的夜晚。于是，我深呼吸做了一个决定：拿起遥控器，关掉电视。然后，无所事事但一心一意地，躺在滚来滚去的女儿身旁。原本女儿自己一个人很单纯地滚来滚去突然发现：诶！爸爸怎么也在这里滚来滚去！很大一只的爸爸，滚到一半停了下来，身体打开成大字形，女儿也停了下来，好奇地爬到我身旁，出乎意料的轻轻地、柔柔地亲了我的额头！真是太惊喜了！情，就这样交会了。我的身体停下来而且打开了，心跟着也打开了，女儿的情就有机会传给我了。

二十几岁的时候，追求一种幸福，叫作"完成"或"达到"或"拥有"。总觉得，把一件事情完成了，整个人都轻松下来了，这时候享受的时光才会来到。像是考完大考、交完期末大报告、终于搞定了硕士论文，像是终于追到梦寐以求的那个女孩了……好像完完全全没有压力的时候，完全 stress-free 的情况，才能接近幸福。

三十五岁以后，才开始发现，人生似乎没有"完成"的时候，似乎总有些什么正在发生。几年前有一次接到黄阿姨的电话，说欧叔叔要到高铁台中站为经纬书局剪彩。"黄阿姨"和"欧叔叔"是跟着夫人叫的。这对夫妻是从小看着夫人长大的长辈。欧叔叔是我敬重的长辈，也是我和夫人婚礼的证婚人。几年前，欧叔叔退休后，一直还想做点事的欧叔叔，不顾许多人的反对，决定到当时争议性十足的高铁担任执行长，于是，原本悠闲轻松到有时间练书法的他，又开始忙碌紧凑的生活。

那天，我和夫人开心赴约。我们不是去剪彩，我们是去和剪彩的欧叔叔与黄阿姨，两位疼我们的长辈，一起吃个饭。到了高铁台中站，在剪彩与镁光灯闪耀之后，我们一起坐在温馨的小餐厅里，因为餐厅生意很好，找不到大桌子，所以黄阿姨、孙女们跟夫人坐，我和欧叔叔坐两人的小位置，聊着高铁的发展与近况。其间欧叔叔还接了一通电话，平常操外省口音的欧叔叔，用流利的闽南语说着电话，挂了电话以后，欧叔叔跟我说："晚上要赶回台北，朋友孩子的喜宴，要证婚。"

吃到一半的时候，欧叔叔的小孙女跑到他身边，欧叔叔伸出大手把孙女搂在怀里，问："要不要吃爷爷的牛肉?"小孙女张开嘴，开心地吃着欧叔叔用小汤匙舀的牛肉。我看着可爱的小孙女，问她说"你喜欢爷爷喔?"，小孙女笑笑害羞的没说话，嘴里继续嚼着牛肉，欧叔叔开心地说："我每天早上送孙女去保姆家，傍晚去接孙女回家。"吃完餐，欧叔叔还点了冰激凌，像个小孩一样享受地吃着。

吃完饭后，出现了一个我会用纪录片镜头拍摄，然后用慢动作来放映的画面：欧叔叔两手各牵着一个小孙女走出餐厅，轻松漫步在人来人往的高铁站里。

这个画面，我很有感觉。一个这么有理想抱负的精英，每天要处理这么多繁杂的事情，看他满足地牵着两个孙女的手，我觉得：他活得好幸福! 这个幸福，不是因为没有压力，不是因为轻松舒服，不是因为什么都有了、都完成了。这个幸福，正是：有挑战，有压力，有事情要处理；同时，有亲情，有朋友，然后，能停留在凡人的世界里，和情交会。在那一天的这个镜头下，我看见了幸福的新定义。

于是，当我有压力的时候，当我有责任的时候，当我有任务或挑战的时候，我开始会提醒自己：在这个有压力、挑战的当下，我仍然可以有与情交会的时刻，而不是一直等着无忧无虑的时刻来临。

打从二十五岁刚开始学心理咨询，读到卡尔·罗杰斯时，就一直很喜欢"encounter"（相遇）这个词。这个词的意思是：人与人的相遇与交会。当我们彼此遇见了，两个人的心都打开了，情就自然流动了。

## 怎么打开心?

我的做法听起来简单到有点白痴的感觉，但我真的是这样做的：先深吸一口气，然后跟自己说："来，来打开心。"

于是，忧伤，有了蓝色的深潭相伴；

于是，孤单，有了稻穗般的大地当背景；

于是，快乐，有了宽宽广广的天空可以飞舞。

"来，来打开心。"这是一份决定，这是一种愿意，这是和情的交会很简单又珍贵的开端。有了交会，会增加拥有满足的可能，一旦有了满足，对伴侣、对孩子，都会生出更多给爱、收爱的可能。

## / 爱，是彼此凝视才有的 /

　　有一部淡雅又香味醇厚的日本电影，片名叫作《幸福的面包》。电影描述着日本北海道洞爷湖畔的一家叫作玛尼的民宿，民宿里有好喝的咖啡、现烤的香喷喷的面包。女主角小的时候，很爱一本绘本《月亮与玛尼》。电影一开场，女主角这样独白："我的初恋对象是玛尼。小学时，家里附近有间图书馆，我坐在图书馆看着《月亮与玛尼》，少年玛尼总是在脚踏车篮子里载着月亮，从东边的天空跑到西边……我好喜欢玛尼，一直寻找心中的玛尼，但是渐渐的，不喜欢的事情变得越来越多，孤单的心变得小小的，我在心底告诉自己，世上已经没有玛尼了……"

　　从小学开始的憧憬，骑脚踏车的小男孩玛尼与月亮的美丽画面，就这样活在女主角心里，她憧憬着世上也有另一个人能与她如此契合，因此一直等待着一双能完全凝视她的眼睛。然而，等待这个人的出现，何其困难啊！因为等不到，所以她渐渐的，没办法完全投入去爱一个人。

电影的故事继续往下走，一个狂风暴雪的冬夜，一位老先生与一位即将走到生命终点的老太太来到玛尼民宿做客，老先生与老太太被温暖与真心款待，度过了凛冽的冬夜。在一个冬天阳光刚洒入房子的清晨，老太太手里拿着这本女主角珍藏的绘本，边轻轻抚摸着绘本上的月亮，边说："有月亮才有玛尼，有玛尼才有月亮。"这句话，震撼了一直还在等待真爱来临的女主角，是啊，等待被爱，不如好好给爱。于是女主角在来年的春初，在即将融雪的大地，勇敢地跟那个对自己很好的男主角说："你要永远看着我，我也会永远看着你。"

我发现，爱，是彼此凝视，才有的。我凝视你，所以我的爱流过去；你凝视我，所以你的爱流过来；因为我们彼此凝视，所以继续有爱。不是找到一个完美的人来要我，所以我幸福；而是我真的有了给爱的能力，所以可以找一个彼此给爱的对象。

人，如果被另一个人珍惜的凝视，就更有了明亮的理由。因为有人这样凝视我们，我们才敢偷偷地相信我们值得被爱。然而，我们常常因为等待被凝视、被爱，而忘了可以先凝视、先给爱。所以，会不会与其一直一直等待有人完完全全的爱我们；不如我先发动，好好凝视你。

## 隔着一段距离凝视一个人

中国传统家庭，有一个蛮固定的关系桥段，十几年来，我听着一个又一个求助咨询辅导的学生、成人，都说着好类似的真实剧情：家里有一个尽力付出的母亲，有一个被控诉感情疏离的父亲，母亲努力照顾孩子三餐温饱，拉扯孩子长大，于是，家里会有一个特别乖的孩子，会坐在客厅或厨房的椅子上，日复一日听着母亲对于父亲的生气、不满、哀怨……听着听着，这个特别乖坐着听母亲说话的孩子，日渐不喜欢自己亲爱的父亲，距离越来越远，有一天突然发现，那个小时候会把自己举高高用胡楂弄得自己咯咯笑的爸爸，已经离自己千山万水了。

在面谈室里，这样的剧情听多了，心里涌出许多感触，真是太可惜了吧！这个父亲，这个让母亲难受的父亲，真的就任由这些抱怨组成他的模样吗？有没有机会，还原回儿子眼中的爸爸、女儿眼中的爸爸？

于是，常常在听到这样故事的面谈结束前，我会认真地看着眼前困惑着的个案，说："要不要，这次过年回家时（或清明节回家时），隔着一个距离，凝望你的父亲，用你的眼睛，看见他真正的模样，或者，看见你已经忘了很久了的他的神情、样子？"

凝视、凝望，是带着时间长度的眼睛看着一个人；看见他现在的表情，回想着他以前的样子，想象着他以后会有的模样。带着时间长度的眼睛看一个人，我们就不容易被过去的眼光所困住，因而有机会重新看见并且接近身边这个人，这个如果不好好凝视，很有可能真的会日渐疏远的人。所以，生活里，我真的会提醒自己，凝视我的女儿、凝视我的夫人、凝视我的母亲、凝视我的父亲。

我大甲的老家是透天厝，爸妈都节省惯了，所以屋子里的光线微暗。有机会回到老家时，我常会隔着一个距离，凝视我的父母亲。我的母亲很喜欢在客厅沙发旁，和孙女们玩各式各样从各地收集来的童玩，退休前是小学教师的母亲，总能不厌其烦地教着孙女怎么玩童玩、怎么耐心的排七巧板、拿着铅笔细心地示范握笔姿势、教导即将上小学的黄阿报……而我的父亲，其实比我还懂得凝视！夫人常在我们开车离开老家回台中的路上，跟我说："爸真的很喜欢这两个小女孩，常常充满兴味地看着黄毛毛的表情，一边看一边微笑着……"

为什么要"隔着一个距离"凝视？因为，距离太近，我们看不见全景，而且很容易被那些像蜘蛛网一样纠结的情绪记忆给困住。隔着一个距离凝视，是为了有机会看见新东西、读到新信息、接收到原本因为情绪记忆而阻隔了的新情意。于是，因为好好凝视，所以过去的，可以还给过去；所以上一代的恩怨记忆，可以真的还给上一代。而我们，有机会站在这个时刻里，真的看见现在的彼此。因为真的看见了，所以有机会暖彼此的心。

## 照顾之外，还可以轮流宠爱自己和对方

有了两个女儿以后，有时候，觉得精神、力气、金钱永远都不够，唉……疲倦的时候，老实说，真的好想好想被宠爱。但是，习惯用语里，"宠爱"这两个字，好像只能用在"爸爸宠爱女儿""先生宠爱夫人""妈妈宠爱儿子"、甚至"夫人宠爱猫咪小乖"上头，那个为了生计而奔波的爸爸、老公、先生，也有机会轮到"被宠爱"吗？

一个星期六的中午，我躺在床上，两个女儿都好不容易睡了，有气无力的我，不太敢奢望但决定唉唉叫一下："我好想被宠爱喔！"

夫人很好心地说："好，我来帮你挖耳朵。"

用细细的耳棒挖耳朵，是我从小的安全心锚。安全心锚，常常是记忆在身体里的一种无法言说的温暖按钮，那个部位只要被好好碰触了，就会有一种温暖、安全、舒服、安心的感觉浮现，有时候还会有一种淡淡的幸福感。我的身上有两个安全心锚，一个是轻轻地挖耳朵，一个是轻柔地摸摸我短短的头发。

夫人一边温柔地对我好，还一边说着很有智慧的话语："我们都常常在照顾彼此，可是，我们也需要让宠爱可以轮流。我有时候宠爱你，有时候宠爱黄阿叔，有时候宠爱黄毛毛，有时候我也要休息、宠爱自己。"

是啊！我们常常都花了好多好多的力气在"照顾"身边的人。我在外头打拼，是在经济上照顾这个家；夫人在家里打理一切，准备好的食材，磨成泥喂黄毛毛，是照顾这个家；黄阿叔看见爸爸好累，会走过来抱抱爸爸，轻声地说"爸爸你辛苦了"，是照顾爸爸。可是，我们常常都忙着照顾身边的人，用光了全部的力气，却没有剩下一点点的力气，拿来好好集中能量地"宠爱"一下对方。

不管是对夫人，还是对女儿，我最拿手的给出宠爱，都是在睡前熄了全家的灯之后，说："来，我来说个故事给你们听……"用自己随手编的小故事，照顾一家人温暖入睡。这样的故事，表面上看起来像是说给孩子听的，其实，我遇见的大人，不管是男的女的，也都超爱听！

照顾，让我们活下去；而宠爱，让我们没有忘记，自己是值得被好好爱着的。暖自己的心，是一份给爱的必要能力。而暖另一个人的心、凝视他、宠爱他，是为自己买下定时定额的优质基金。

　　没有学会暖自己的心之前，不要进入婚姻。
　　没有学会暖别人的心之前，不要说我爱你。

## / 愿意照顾彼此的需求 /

人跟人一旦亲近了，就有了需求上的拉扯。

先生被工作追着跑，每天都要加班到晚上十一点，晚上回家孩子吵又不能好好睡觉，真的很怀念单身的日子一个人骑机车去流浪的岁月；另一边的太太心里想，平常先生已经都加班不在家里，好不容易有假日，真希望老公留下来一起分担、照顾孩子，也陪我说说话……这些真实的需求，几乎没有百分之百被满足的机会，于是一次一次的需求落空，怨、气、不爽就不断地堆积堆积堆积，然后原本的亲近就因为这样的堆积而一步步拉远了，有一天似乎就不认得枕边的这个人了。

那怎么办呢？

我们来看看黄阿赧和黄毛毛两位小妹妹是怎么协调彼此需求冲突的。

黄阿赧、黄毛毛，这两个小家伙跟一般的小朋友一样，很会这个吵那个吵，常常有不同的意见。几乎每天在客厅上演的桥段是两个小家伙同时想要同一个玩具，前奏是咿咿啊啊的声音逐渐升高，通常接下来就是大声哭闹大叫"爸爸救救我！"唉，这一天，怎么剧目不太一样，吵到一半就安静了？罕见的安静剧情把我从写书的世界里呼唤了出来，探头看看到底发生了什么世界奇观，怎么会没有继续演吵架哭哭的戏码呢？黄阿姒一看到爸爸探头，就很有姐姐的架势说："我跟毛毛说，这次先让毛毛，下次换我。"这个女儿，这么小就学会了平衡的好方法耶！

又有一天，我去幼儿园接两个小可爱回家，回到家以后要搭电梯上楼，我说："你们两个先自己搭电梯上去，让妈妈开心！"喜欢让妈妈惊喜的毛毛马上应声说好，这时候，黄阿姒表达了不同的需求："可是，我想要爸爸一起陪我们搭电梯。"在地下室停车场窄窄的等电梯空间里，我没有做决定，看着两个小家伙，说："你们两个讨论看看，爸爸等你们。"两个小家伙我看你、你看我，用眼神与心灵沟通了好一会儿之后，黄毛毛说话了："这次先听姐姐的！一起坐电梯上去。"喔！为什么呢？虽然只有三岁，但是很有大哥架势的黄毛毛毫不迟疑地说："因为我怕姐姐会哭哭呀！"哈哈哈，两个小家伙，还真的懂得怎么拥有关系里的"动态平衡"耶。

## 关系里的动态平衡

什么是关系里的"动态平衡"呢？来用下面这个热腾腾的来信与我的回复多说一些。小静是一个年轻的助人工作者，刚上完我带领的工作坊，写了这样的一封信。

亲爱的哈克：

我很被《做自己，还是做罐头？》这本书打动，也谢谢你帮我签名时写下的这段话："可以给，可以收，可以昂首向前。"但我必须说，在结婚后我很难做自己。我总是从"做自己"的这个行为上，看见影响别人的部分。例如：我很难参加周末的工作坊，因为必须找到人照顾小孩；当老公坚持独自当背包客做自己的时候，就意味着我必须留下和小孩一起。在一段关系当中，若身边的人极度"做自己"，总觉得我很难争取也做自己！

我有时看见"做自己"的层面很自私，所以不容许自己这么做，在顾全大局的情况下，就越来越难做自己。关于这个困境，一直很想请教你，现在终于说出来了，真好！

小静　敬上

看到如此真实的挣扎，总令我非常不舍，我认真回了一封长长的信。

亲爱的小静：

遵循着规则而活，常常是一份愿意——让这个世界不要有太多冲突，是一份在关系里很珍贵的付出。同时，遵循着规则而活，某些时候，自己真实的不舒服、委屈难受，也就压下去了。

这时候和伴侣好好地说，让彼此在时间上，拥有新的平衡，是很重要的。如果背包客，是先生的热情；那么，你的热情，也需要在另一个时间点上，有一些发生的可能。如果是认真的情爱关系，这样的动态平衡挺关键。你在这个时候拥有你的热情，活出你自己；我在那个时候拥有我的渴望，也活出我自己。这么一来，就有一点点机会，在关系里，多一些些满足与幸福。

"动态平衡"说的是：在关系里，我们常常没有办法完全只活出自己，因为我们需要照顾彼此的需求。于是，夫人照顾先生，先生照顾家里，姐姐照顾妹妹，妹妹照顾哥哥……因为没有办法"完全"做自己，所以我们就来想想办法，怎么"有机会"做自己。这个"有机会"，关键就在于西方心理学很少讲到的"时间向度"。东方的哲学观里，时间向度是很重要的生命考虑元素，春夏秋冬，各有其合适的时节，人与人的互动，也是如此。如果没办法在同一个时间点满足彼此，就可以想想："那……谁先谁后？那……我可以来想办法在什么时候满足自己的需求或渴望？"

也就是说，春天的时节，先生背起背包去旅行，于是有机会拥有了够大的空间思索人生想要活出的样貌。

时间的向度，用在年轻的孩子想要"做自己"的挣扎里，也很有意思。星期一到星期五，乖乖听妈妈的话、爸爸的期许；星期六和星期日，好好地经营自己想投入的生命热情。用老天爷给我们的好礼物——时间，来减少一点点冲突，同时，让自己拥有足够的资源，等待下一个时机的来到，可以奋力一搏。

希望这样的回复，有回答到您一点点的疑问。

哈克　敬上

小静的回信是这样的：

亲爱的哈克：

看到你响应的文字时，我的眼泪就一直掉、一直掉……我们真的很需要懂，与不断学习。

小静　敬上

## 动态平衡句型 A："这一次……下一次……"

使用时机：他和我要的不一样的时候！

使用者状态：对他的爱没有很充沛时。

建议用量：好用的话，就多用喽！

时间向度一进来，我们就有了选择的弹性。让这样的时间选择，用句型来表达，就会是"这一次"跟"下一次"产生的动态平衡。以下面的例子来说明：

"亲爱的夫人，这个周末，我要出差带工作坊，我的父母亲大人都很想孙女，你带黄阿赧、黄毛毛回去给大甲的爸妈开心，好吗？然后，下个周末，我来放下所有的事情，不写书也不带工作坊，开车带全家去露营（因为夫人说想去露营说很久了），或是，你有更想要我做的事情？我们来讨论看看！"

于是，我的想要孝敬爸妈的需求，有了满足的可能。而夫人想让孩子去野外露营的需求，也有了满足的预定时间落点。这样的动态平衡，让伴侣关系，不会卡在"这一次"要听谁的，要满足谁的。因为我们是伴侣，而伴侣的意思，就是有"接下来的生命一起过"的愿意，既然接下来的生命想要一起过，那么，我们就有了上天给我们的礼物——"下一次"。

## / 你可以量力满足他的需求 /

——动态平衡句型练习 B

一直都很爱听李宗盛唱歌，依稀记得歌词里有这么一句："相爱，是容易的；相处，是困难的；恋爱，是容易的；可是等待，是困难的……"是啊，坠入爱河遇见吸引自己的人，似乎发生的频率不低。同时，一旦有了亲近的关系，真的要朝夕相处，冲突与挣扎就紧紧地跟着来了。于是我们开始有了一种情绪，叫作等待，等待对方准时、等待对方温柔、等待对方温暖的怀抱、等待对方热腾腾的晚餐、等待生日那天超出自己预期的惊喜（伴侣期待有惊喜发生，是我最怕的一个期待）……等待伴侣来满足我们的需求，真的是又困难又难熬啊！

> 动态平衡句型 B："如果……，那就来……!"
>
> 时机：你要的，我现在真的做不来！
>
> 使用者状态：有一些爱可以给，有一点点愿意在心里。
>
> 建议用量：一个月一次就好。

　　除了上一篇文章里提到的时间向度以外，还有另一种动态平衡的选择，就是可以用"这件事"或"那件事"的选择，来满足伴侣的需求。

　　比如说，夫人希望我帮忙做家事，可是，我实在很不爱洗碗，也不喜欢擦桌子，怎么办？总不能让夫人每次都需求落空吧！有一次，刚好在带工作坊时，听见好几位妈妈，都提到用"吃剩菜"来表达对家人的爱，让我理解到把剩菜吃光，对家庭主妇来说是很重要的事情。我心里想，那太好了，我既然家事"这件事"做得不多，要不要换个吃剩菜的"那件事"来贡献。所以，我发明了这个句型："如果＿＿＿＿，那就来＿＿＿＿！"在这个例子里，发生在我心里的这句话就是："如果没有力气帮忙做家事，那就来开心地把剩菜吃光光！"

　　我们家夫人，挺喜欢我这个吃剩菜的变化！后来，夫人又给了我更进阶的建议。她说："老公啊，我跟你说，其实你下厨做菜时，把旧菜做新的组合上菜，会比起你做新菜，对我的帮助更大。"喔——是喔。原来是这样，从那之后，我每回下厨，都先看看冰箱里还有些什么，可以拿来创意组合的。这样响应伴侣的需求与期待，就更美好了，因为这是为他/她量身定做的回应。

　　"如果＿＿＿＿，那就来＿＿＿＿！"这个句型操作起来其实挺简单又实用的，来一起看看这个我在关系里存活下来的好句型的两个加料版：

"如果没办法好好地……（做这件事），那就来开心地……（做那件事）!"

"如果真做不到……（这件事），那就来用心地……（做那件事）!"

这个句型的重点是："这件事"和"那件事"，都是伴侣希望我们做的。差别在于："这件事"我做起来太吃力，而"那件事"让我有机会更顺畅地给出爱。

所以啊，我不爱洗碗，但是我能够迅速倒垃圾；我有能力上的限制，加上我真的有近视眼，洗漱台很难在我手里变成亮晶晶，但是我很会照顾女儿上学前穿衣服、穿袜子；我出门在外露营很不容易睡着，但是我很能够带女儿在大草地上奔跑、踢球、哈哈笑。这些种种的用"那件事"来取代"这件事"，都让我们愿意付出爱、响应伴侣需求的当下，有机会选择没有那么困难的选项，不困死自己，而更能够好好地响应与给爱。

伤口 + 资源 = 完整的我

## / 让关系更亲近的秘方 /

——勇敢冒险句型练习

你可以想象自己睡前，问伴侣这个问题吗？

"今天，你最喜欢什么时候的我？"

这真是一个很冒险的句型啊！为什么很冒险？因为这个问句一落，被泼冷水的概率实在太高了。万一被问的人想了老半天或者根本没有想，就回答说："没有。"那不就泄气极了吗？是的，真的会发生。只是，在关系里，不要怕挫败，只怕不继续成长。这个句型只要努力不懈，就会找到更亲近的秘方，我们一起来看看这个句型：

**冒险直接问法**

我问："黄阿赧，你今天最喜欢什么时候的爸爸？"

我问："黄毛毛，你今天最喜欢什么时候的爸爸？"

我问："夫人，你今天最喜欢什么时候的老公？"

**善意交叉问法**（有时候会变成陷害交叉问法）

> 我问："黄阿叔，你今天最喜欢什么时候的妈妈？"
>
> 妈妈问："黄毛毛，你今天最喜欢什么时候的爸爸？"

有一天，睡前我们一家四口人躺在床上，我问三岁半的黄毛毛：

> "毛毛，你今天最喜欢什么时候的爸爸？""嗯……我喜欢爸爸在我刷牙的时候搞笑乱出声音，那个时候我咯咯笑得高兴！嗯嗯……还有，爸爸帮我吹头发的时候，轻轻拔我的头发，我好喜欢那时候的爸爸！"

哇，这丫头，回答得很精准呢。

我转身问忙了一天即将进入昏迷状态的夫人说：

> "老婆，你今天最喜欢什么时候的老公？"
>
> 夫人回说："嗯，我最喜欢你把洗好的衣服一件一件折好的时候。"

我发现，这个句型引出的答案，几乎都是在一天当中，我有专心投入对待她们的时候。专心投入对待，意思是，有放下原本正在忙碌的种种，专心地把自己的心思真的放在眼前的伴侣或孩子身上，因为有好好地说话、听见听懂、快乐玩耍，然后才有机会在睡前，听见一句或两句好听的回答。也就是说，如果一整天都没有专心投入对待的人，你问了这个问句，结果可能会很一针见血。

带着一点忐忑，我坐起身来，问六岁的大女儿：

> "黄阿赧，你今天最喜欢什么时候的爸爸？""
> 嗯……嗯……嗯……嗯……（有时候会嗯了快一分钟），想不到诶！"

想不到诶，这是很常见又真实的回答。这个句型之所以叫作"冒险句型"，就是因为每回问这个问题，都要冒一个险，就是自己有时候真的没有创造出什么真的让对方开心喜欢的时刻。换个角度来说，要胆敢使用这个句型，就要在问之前，真的用心投入那些专注付出的时刻。早上下午都没有和孩子玩耍、晚上没有照顾女儿洗澡吹头发、整天都没有专心听夫人说话，那……那……那……最好自己知道，睡前不要使用这个在这个情境下会自讨没趣的句型。

同时，换个积极启动接触的角度来说，如果养成习惯在睡前使用这个句型，于是白天下午晚上、吃饭洗澡说话，是不是就有机会提醒自己"回到关系"里，放下那个让自己低头滑来滑去的手机与平版计算机，专注用心地拥有一两个时刻，真的看见对方，让真实又美好的互动，在一天里有多一次发生的可能。所以，这个句型除了叫作"冒险句型"，又有另一个更好的名字，叫作"勇敢句型"。

### 勇敢冒险句型练习："今天，你最喜欢什么时候的我?"

使用时机：睡前。

使用者状态：有投入关系、付出关爱，同时敢真实面对自己的时候！

建议用量：视体质而定，可以一天用一次，也可以一星期保养一次。

为了让付出疼爱陪伴变成一种习惯，这是一个我即使冒险，也要鼓励大家尝试看看的句型："今天，你最喜欢什么时候的我?"

如果试了以后，经验真的很好，然后，万一万一，那阵子的状况真的很好，爱的能量又超级充沛，还可以更勇敢更冒险一点，深吸一口气之后问身旁的这个人说：

"最近的我，如果做了什么，会让我们有机会更亲近，或是有机会更享受我们的关系?"

可不可以，不要看天长地久；可不可以，不要讲永远；可不可以就看眼前的这一天一天，然后，真的因为彼此付出而更亲近。

# 2

播下亲近的种子，
让爱成为一种能力

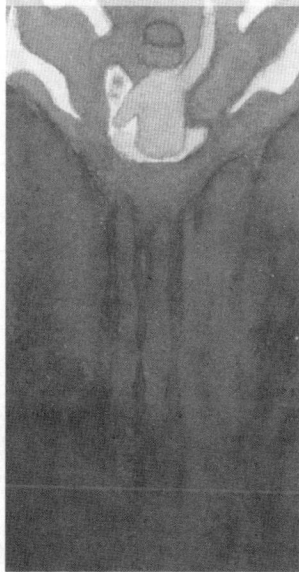

## / 表达之前，先懂自己 /

—— 小熊拿箱子的故事

　　年轻人常这样问我："我知道懂自己、觉察自己很重要！可是，到底要怎么样才能搞懂自己真正的状态啊？"问得好！但是说真的，这不太容易回答呢。我的博士论文里，有个真实的故事，很适合回答这个适用于各个年龄的好提问。

　　小梦是大三的学生，一开始到学辅中心找咨询师约谈生涯的烦恼，后来谈话的主题渐渐地转到情绪与自我照顾。小梦从大二接社团干部时，明显地感觉到常常心情不好，到了大三，她以为换到系学会工作会好一些，却发现虽然共事的人不同，但困扰自己的情绪仍在，有时候情绪还会大到快承受不了。小梦这么描述自己："我算是做事比较追求完美的人，我会把它想得很理想；可是真的去做或者跟别人一起共事时，我发现根本就不是我所想象的……又不敢当面表达让对方知道，心里也很不高兴。"咨询师陪伴小梦的过程里，有一段精彩的对话是这样的。

　　小梦："我很困惑自己的情绪波动为什么会越来越大，有时候很高兴，可是遇见事情没有办法解决的时候，心情马上又变得很不好……"

咨询师："听起来在你心里，容易因为事情不如自己的期待，或者有原本没预想到的困难出现时，就感觉自己被打倒，而且很难过。你现在可以闭上眼睛看到那个自己，隔着一个距离看着她，你觉得她看起来像是什么？可能是动物，也可能是什么样的植物……你会怎么描述她呢？"

小梦："好像很挫败、灰头土脸的那种小熊吧。"

咨询师："多大？用手比一下，好吗？"

小梦："大概这样吧（小梦用手比了大概十厘米高的小熊模样）！粉红色，身上脏脏的，脸上的表情满难过的，很丧气的坐在地上。"

身上带着污点的小熊丧气地坐在地上，带着难过的表情，就像小梦遭遇挫折时的缩影一样。透过小熊隐喻的表达，小梦有了一个重要的察觉：从过去到现在，原来自己已经是那么累了，身上有好多伤……怎么没有好好照顾自己呢？

这个生动的小熊隐喻，自然地变成小梦生活里觉察自己的一个角色，咨询师和小梦一起合作，持续地追踪这个隐喻。有一次，咨询师提到感觉小熊好像很忙很累，小梦响应："对呀，真的很累。而且小熊除了很忙之外，手上还拿了类似箱子的东西，一个一个叠起来，叠得很高。因为她很小，可是她的东西叠得很高，高过她好几个头，而她却搬着那么重的东西一直往前走。假如别人再丢东西给她，就越叠越高，如果她不停下来休息，或是把一些箱子请别人帮忙拿的话，小熊会很辛苦，甚至会跌倒、受伤。"

小熊拿箱子，这个活跳跳的隐喻一出现，让小梦的自我照顾出现了新的曙光！小梦开始在日常生活里，自然地在心里看见小熊的模样，有时候会看见小熊很忙，拿着一叠高高的箱子，这样历历在目的清晰画面觉察，让小梦具体知道"原来已经超过自己可以负荷的那么（强调语气）多了！"为了不让叠得高高的箱子压垮小熊，小梦因而会想停下来，先稍微休息喘口气。

和咨询师面谈快结束前的一个周末，小梦心情很不好，心里突然浮现："诶！这时我的小熊会讲什么，会想跟我讲什么？"这个跳出来的念头让小梦很震惊，自己竟然透过小熊，开始听见内在的声音。这段自我对话精彩极了：

小梦问自己："在这个时候，小熊会想跟我讲什么？"
心里的声音说："对呀！我们都已经很累了……"

这样的自我对话，让小梦知道内心的自己，想要跟那时候的自己讲什么话，而内心的自己透过小熊跟那时候的自己说："对呀！我们都已经很累了……"这段关键的内在对话，真是自我照顾的经典做法！

## 找到自己的隐喻角色，好好表达自己

小梦这个小熊拿箱子的隐喻，是很典型的**自我认同隐喻**（self-identity metaphor）。本书第一部分里提到小花猫、小花豹、照顾小盆栽的小女孩，也都属于自我认同隐喻。自我认同隐喻的意思是，透过找到或选择一个有感觉的隐喻角色，来代表我这个人的核心样貌。夫人透过小花猫的角色，来说自己热爱自由不爱被拘束的模样；我透过小花豹奔跑这个隐喻，来说自己正努力也长大着的力量；小梦透过小熊拿箱子这个隐喻，说着希望可以更体贴、照顾自己情绪的期许。

要引出自我认同的隐喻其实不难，只要在自己活得精彩的时候问自己："这个时刻的我，像什么？"也在最辛苦、最磨难的时候问自己："如果用一个隐喻来形容，此时此刻的我，像什么？可以是动物、植物、大自然现象，或是任何的物品……"多问几次，就会找到一个重复出现的隐喻角色，可能是一只草原上的大黑熊、可能是一顶黄色的棒球帽、可能是一颗刚着地的种子、可能是一个编织绵密的竹篮子、可能是细致刻画的敦煌壁画、也可能是一把历经大小战役的古剑……重点是，想到这个隐喻时，自己很有很有感觉，那就对了、就是了。

一旦找到自我认同隐喻，接下来就有好多美好行动可以进行了。自我觉察，是最清楚的第一步，简单问自己："小花豹现在怎么样？""小花豹好吗？""小花豹现在在哪里？"然后闭上眼睛，看见小花豹的样子、背景画面、周遭的声响，常常就能够瞬间懂了自己。一旦有机会能透过隐喻来做清晰的觉察之后，就能够在表达时，有语言文字来形容那样的自己。更清楚地说，就是可以在合适的场景、时间里，用精准的隐喻语言，把自己真实的样子表达给身边懂的人听。

于是啊，以前我们只能模模糊糊地说："我好累喔！我快要受不了、撑不住了！"，而现在，有机会透过隐喻的表达，让身旁的人知道，我正扛着多少箱子在身上。因为隐喻有历历在目的画面表达，因而让身旁的人更能感同身受地接收，那么撑住的自己，就有机会多了一个懂得你的陪伴。用自我认同隐喻来好好表达自己，是一种态度——愿意负责把自己好好说清楚，即使别人不一定接收得到，或者不一定能完整地接收，但是我负责说到了底，我就好好地尽了自己的力了。

是的，好好表达，不一定能被好好接收。
是的，同时，好好表达，是被好好接收的必要基础。

## / 关系的头号杀手 /

——情绪瞬间位移

在个案咨询室里，只要与个案关系建立得够稳固，陪伴也够深，总会在个案表层的烦恼与辛苦的背后，开始听见一种害怕与难受交杂的生命故事。这时个案眼神开始飘向远方，说起五岁读幼儿园的时候……说起七岁的那个冬天……说起十二岁小学快毕业的时候……说着某一天，家里那个原本温暖的照顾者突然情绪大翻面，像是狂暴的风雨突然砸烂了遮风挡雨的屋顶……

我有好几回，在做现场治疗示范的场景里，听着主角说上一刻还很正常的父亲，不知为何却瞬间变脸，破口大骂，拿起藤条用力猛抽……这不是什么电影的情节画面，对有些人来说，这是记忆里万般不愿想起的难受。因为风雨突然袭击而来，小小脆弱的身体与心灵，瞬间因为极度的惊吓而冰冻了起来、缩起来、躲起来，不敢放声哭，甚至不敢知道自己到底有多害怕……

身为陪伴者的我，总是跟着揪起的心，刹那间心疼就涌上了心头。

多年之后，我给了这样突然翻脸、情绪失控的状态一个名字，叫作"**情绪瞬间位移**"。我猜，大家都曾经多少目睹过这样的画面：在百货公司、餐厅，听见照顾孩子的父母，突然之间大骂孩子，甚至凶狠地打孩子，那都是典型的情绪瞬间位移。情绪瞬间位移之前，照顾者常常是先忍住了情绪，为了想比平常更多一点耐心对待眼前的孩子，所以努力忍住快要爆发的情绪火山，只是内在空间容纳不下，于是在下一刻就大爆发了。

瞬间位移，指的就是突然之间从一个端点，移动到另一个端点。情绪瞬间位移，在心理的运作机制里，是内在被压抑的部分突然抢着出来说话，因为突然改变，身边的人会被惊吓到，或者引起强度很大的争吵，因而破坏了亲近的关系。通常，一个人在没有内在空间的时候、特别疲倦或压力大的时候，容易出现情绪的瞬间位移。

亲近的伴侣关系里，如果前一刹那还是个温柔体贴的伴侣，下一刻就忽然变成狂暴无法控制的野兽，那么珍贵的亲近就有了变质的危机。关系之所以会变质，其实常常不是我们以为的爱消失了、不爱对方了，而是当我们面对伴侣无法言说的情绪时，发现自己一次又一次的无计可施之后，因为找不到给爱的方法，而濒临放弃。因此，亲近关系的经营里，学会觉察瞬间位移的自己，进而能有所改变，是拥有爱的能力的关键功课。

## 情绪瞬间位移的第一帖药：长出"翻译者"

那是一个原本很舒服的日子，夫人和我决定中午要去一家有卖天使细发的餐厅。在车上我们挺舒服地聊天说话。快要到的时候，我们出现了一段激烈的对话：

开车的夫人说："帮我看看有没有停车位！"

我说："好。"然后我看到距离餐厅一个街口的位置有一个停车位，我很开心地说："那里有停车格喔"。

夫人看来看去，说："你想停那里喔？"经过了却没有停而继续开，最后停在没有停车格的餐厅门口，然后说："这里不知道可不可以停喔？"这句话一落，我就辛苦了。我是节省的客家人，停在没有停车格的餐厅门口，如果被开罚单，我会非常非常不能接受。

不知怎么的，瞬间我就爆炸了。我生气地说："回家了，不吃了。"会生气，因为心里面觉得，你既然问了我，要我帮忙找停车位，我用心地帮忙找了，你又只停你想停的地方……

从温柔说话聊天的我，突然变成生气爆炸的我，这真的是很典型的情绪瞬间位移。我不是故意要这样突然生气的，只是忽然就控制不住了。像这样两个情绪端点的瞬间位移，常常是内在很没有控制感的自动化反应。

两个端点的我，都是我，又称为**内在的两个部分**（parts）。第一个部分，也就是第一个端点的我，是带着爱、温柔体贴的我；第二个部分，也就是第二个端点的我，是需要被完全呵护又很拗的我①。两个都是我。内在同时有这两个部分，是正常且自然的；同时，这样的突然瞬间位移，对伴侣相处来说，是很辛苦的挑战。

让身边的人无所适从的，不是这两个部分的存在，而是"瞬间"变成另一个部分，是"突然变成那样"让身边的伴侣突然被惊吓到。会被身边的人觉得难搞，是那个需要被完全呵护响应的部分，有时那个部分很像一个很拗的小孩，一旦气起来了，就很难收拾。

怎么办呢？

我想到了一个可能的出路：我们的内在，除了这两个端点部分之外，可以创造一个新的部分，作为表达两个端点的桥梁，我将之命名为："翻译者"。

翻译者的功能，在于帮两个端点的自己说话，特别是把"容易吓到别人的那个部分"的心声，早一点表达出来，才不会因为塞住了而需要用强烈的情绪喷发出来。也就是说，如果透过练习，让翻译者在生气将要喷发前先出来说话，那么可能

———————————

① "很拗的我"之所以会存在，跟期待"无条件的爱"有底层的相关，这部分请参考本书第145页《我可以"不需要"无条件的爱》。

会发生很不一样的互动喽。以刚刚的例子，我们来倒带一下，夫人一样说了那句关键触发句子："你想停那里哦……（继续开车，停在没有停车格的餐厅门口），这里不知道可不可以停喔？"如果我可以瞬间觉察到内在突然有剧烈的部分要弹出来，于是，就在那个刹那，我决定深呼吸，然后让翻译者帮忙那个很想被呵护又很拗的部分说说话。

翻译者可以这么说："我心里头突然有很大的怒气要冲出来，我猜想，那个部分在说：是的，我很想体贴你、倾听你、对你好；同时，我也希望我说出来的意见，被你好好听见，我用心地帮忙找停车位，却好像没被你好好听见，这让我很挫折，所以怒气才会那么大，一直要冲出来……"

当翻译者有机会好好存在，那么心里那个原本没有机会被听见的部分，就有机会被说出来。换另一个角度来说，这个需要被好好呵护、被爱的部分，因为被翻译者说出来了，因而有机会与那个愿意照顾对方又能给爱的自己一起并存。让翻译者有机会出来露面帮自己说清楚，也会帮助对方有机会走上这个愿意沟通的桥。搭桥，常常要两个人一起搭，这次我搭一段，下次你搭一段，于是，我们有机会真的在桥断了之后，还可以一次一次重新搭建新的桥。

我们小时候，都曾有被爸妈的"台风尾"扫过的经验。这样的经验，创造了因为照顾者情绪瞬间位移而突然被冰冻起来的小孩，而这个小孩不知不觉中一直住在我们心里。长大以后，我们不一定有机会好好照顾这个**曾经被遗落的自己**（neg-lected self）。于是，当年纪到了，我们走进了伴侣关系或亲子关系里，真枪实弹的需求差异与争吵的场景接踵而来，一旦内在空间不够，不知道为什么，我们像是被写好的程序一般，即使百般不愿意，却也自动化地狂风暴雨般对待身旁的伴侣与孩子。

那怎么办？

长出翻译者，是关键的第一步。而之后，累积了更多的能力之后，还可以做一件事，就是"带被遗落的自己回家"（take home）①。如果有机会，让长大后的自己，把那个缩起来的小时候的自己，拥入怀里。当那一天到来时，将会是拥有了爱人能力的关键时刻。

---

① 更多的内容请看这本书的第 72 页《把遗落的自己带回家》。

## / 忍住原本被写好的对白 /

——情绪瞬间位移的第二帖药

这天傍晚，我们家的黄阿赧小妹妹刚从幼儿园回来，好开心地跟爸爸说她学了直排轮！兴奋的她急着要在家里的厨房瓷砖地上玩直排轮给我看，她穿着一只轮鞋，妹妹黄毛毛也模仿姐姐穿上另一只轮鞋，这一来可是险象环生，两个重心不稳的小妹妹一只脚低一只脚高的在厨房狭窄的空间里摇晃着，哎呀，重视安全的爸爸立刻下达指令，大声说："不可以在这里玩！太危险了。"本来玩得很开心的黄阿赧小妹妹，瞬间被爸爸打断了，三秒之内大哭了起来，变成一个很伤心、生气的小女孩。

看着哭声震天的孩子，我的自动化反应呼之欲出，这个自动化反应就是要使用管教者的暴怒来压制情绪满溢的孩子，我的脑海里瞬间出现一连串的压制威胁语法："你再哭，以后就都不要玩直排轮了！""再哭，爸爸就要打下去了！"重点是：这两句威胁语法，都是一旦说出口，就会后悔的。直排轮那么贵，用钱习惯节省的我，都已经买了，怎么可能不让她玩？而打下去，最心疼不舍的就是自己了。可是，这超顽固的两句威胁语法，是那么根深蒂固地埋藏在脑海里，是要一次又一次深呼吸，才能有一点点不一样……

学了十几年的心理治疗，知道自己一旦让怒气失控，孩子会因为被压制威胁而听话，但也就稳稳地埋下日后情绪失控、内在部分瞬间移动的种子了。

于是，我深呼吸，硬生生地吞下刚刚那两句话，忍住那原本就被写好的对白，然后努力地吐出不熟练的新台词说："爸爸说了算，不在这里玩。"然后，去浴室洗把脸，让自己濒临失控的情绪先降下来一点点。五分钟之后，我深吸一口气，走到客厅，跟黄阿糍说："来，爸爸抱抱你。"

黄阿糍在爸爸怀里啜泣着。我温柔地抱着心爱的女儿轻声地说："爸爸让你学直排轮，是要让你运动，不是要让你受伤。爸爸要负责保护你和妹妹，让你们平安长大……你很想玩，爸爸知道，爸爸也知道你很想让爸爸看你玩……爸爸小时候有一次想要去参加后里马场的骑射队，爷爷也是不让爸爸去，爷爷说马后脚会踢到爸爸的蛋蛋，那爸爸就生不出你们两个小可爱了。那时候爷爷不让爸爸去骑马，爸爸也是跟你一样又哭哭又生气！"

神奇的是，黄阿糍好像听得懂我在说什么，眼泪慢慢停了下来，然后说："那下次爸爸不在的时候，我们去楼下走廊那里玩直排轮？"这个孩子，知道爸爸特别对可能发生的危险大呼小叫的，所以还特别要挑爸爸不在时去玩，真贴心！我笑笑地回答说："好啊！爸爸在也可以，爸爸不在也可以。"

很有意思的是，孩子的伤心和生气被懂了，所以就不用有"拗"的反应了。

我们成长的过程中，不一定能得到像黄阿赧这种规格的对待。我们经历的常常是，当需要出现时，不是被承接、被了解，而是被责骂、训话，甚至鞭打。因为被强大的威胁情绪给压住了，我们学会用害怕把自己的嘴巴堵住、手脚绑住，然后变成一个不想听但只好听话的孩子。于是，真正的声音被堵住，真正的需求被忽视，我们的"拗"，开始一次一次长大，然后潜藏在心底深处，未来一旦有机会，那个拗就会想出来大闹特闹。

## 四步骤为自己创造新的反应模式

这一天，我好不容易又进步了一点点，哪里进步了呢？来。倒带一下：

> **A** 瞬间觉察了自动化出现的威胁压制语法，先自己负责地忍住不说那两句一出口就会后悔的话。（记得：有能力可以情绪瞬间位移，就有能力练习瞬间觉察!）
>
> **B** 我用了五分钟的时间离开现场、洗脸、用水冲洗自己的慌乱，让水的天然分子带走一部分的负面情绪。自己负责先照顾自己一下，缓和一点点忍不住要喷出的伤人

情绪。

**C**　我学过同理心，也愿意使用。我先去读懂，然后说出孩子的失望与伤心，再透过自己的亲身经历，让黄阿赧知道爸爸以前也和她一样"虽"（闽南语里运气很差的意思）。

**D**　因为重视安全是我的核心价值观，所以我还是把握机会好好地表达我对安全的高度重视。我清楚地跟女儿说，我要负责安全地养大孩子，我并没有为了照顾孩子而失去我自己。没有失去我自己，才有机会与眼前的孩子拥有亲近的可能。如果我为了照顾孩子，每一次都失去自己，那就很有可能，养大一个会清楚说自己但不尊重别人需求的孩子。

来更细致地说说 ABCD 的实际操作：

**A**　**自我负责觉察。** 其实，觉察并不难，难的是负责觉察到了以后，愿意先做一个深呼吸来打断自动化反应。这个忍住原本已经写好的剧情对白，这个愿意"练习负责深呼吸"，真的比较需要操练修行。

**B**　**中断一下。** 散散步、喝口茶、打个球流流汗、去洗澡……强力推荐跟水有关的天然又健康的中断活动。

**C**　**表达对于对方难受的了解。** 在这里，重点是不吝惜带着爱来表达了解，而不是在生气的状态下碎碎念。切记：带着指责情绪的碎碎念与啰唆，是无效沟通排行榜的第一名与第二名。

**D 说说我的善意与心意。** 翻译者在这里又一次精彩登场，把藏在心里的善意与爱，平心静气地说给对方听。这时候，两个人的心意，都有机会被听见，被好好接收。

小小的解药，虽解不开关系的深仇大恨；但小小的解药就像维生素，一天吃一颗，调养身体、调养能量。身心调养好一点之后，就有机会发动那些关系里不一样的色彩与味道。

## 滋养关系小活动——
## 从自动化的位移，到有觉察地握好方向盘

### 步骤一

找到一个温暖又知心的朋友，两个人轮流当主角，说自己一个瞬间位移的经验、任何自己想改变的人际互动经验，或是任何想改变的行为序列，陪伴者帮忙主角记录下原本自动化反应里的"行为、思考、情绪序列"。

行为、思考、情绪序列，指的是：那个当下，发生了什么？心里想着什么？嘴巴说了什么？身体感受到什么？什么先，什么后？什么，导致了什么？压下什么之后，蹿起了什么？不愿意面对或觉察什么之后，反而跑出了什么？这些细节，是创造新行为序列的重要基础。

**步骤二**

两个人一起动脑筋，想想看，如果要拿回自己的方向盘，要在原本的行为、思考、情绪序列里，加上什么，才会让关系、让活着的样貌，更接近自己想要的方向。这些加上的新东西，常常出现在原本的 A 行为与 B 行为中间，或者是 B 思考与 C 思考中间。

**步骤三**

请主角用隐喻来为自己创造的新部分或新角色命名，命出一个有味道的好名字，可以让这个部分真的活起来！

## 活动记录单

• 原本的自动化行为、思考、情绪序列：

A _____

B _____

C _____

D _____

• 想要创造的新的行为、思考、情绪序列：

（　　）_____

（　　）_____

（　　）_____

（　　）_____

• 我为自己创造的新角色，找到了一个隐喻名字是：

_____

## / 用麦克风预告 /
——情绪瞬间位移的预备解药

真的是当了爸爸之后，才懂生气骂小孩是多么难克制的事情；而当了咨询心理师以后，也知道个案的童年创伤，几乎都来自父母的突然盛怒。于是，当咨询师又身兼爸爸的我，每回生气骂小孩之后，总会自责许久。

有一天的傍晚，一如往常，我在计算机前回一封封的电子邮件，家里的两个女儿，在书房和厨房交界那里，拉扯抢夺一张她们想要玩盖章的纸。

可能因为累积了多日来南北奔波带工作坊的疲惫，我的内在空间少得可怜，一听见大女儿黄阿赧的尖叫声，加上小女儿黄毛毛的哭喊声，我瞬间就失控了，对着两姊妹吼着："不要这样吵，好不好！"黄阿赧被吓到，哭了起来……接下来的时光，从傍晚五点失控骂人，一直到晚上九点多，我都没办法再回到正常运作，因为有很深的内疚与自责。瞬间位移，又发生了。唉……

晚上九点半，在黄阿赧的睡房里，我问小妹妹："爸爸不喜欢骂你，你觉得爸爸下次可以怎么做?"黄阿嫩小妹妹想都没想就说："你不喜欢骂人，那就不要骂人呀!"我和夫人听了都笑了，说得真精准! 这真的是没有废话的真理。

我继续问："那爸爸可以怎么做?"

黄阿嫩回答说："下次啊，你看我和毛毛在吵啊，就先温柔地说话，然后一直温柔。如果我们没有哭哭了，那就不要生气；如果我们还是哭哭，那你就可以生气。"

我听了，深呼吸了一口气，然后带着理解说："喔! 你的意思是说，爸爸看你们在哭哭吵吵，就先温柔地说：'爸爸快要生气喽，你们要停下来。'是吗? (黄阿嫩：对!) 然后等一下你们又哭哭吵吵，爸爸再一次温柔地说："爸爸快要受不了喽，你们要停下来，不哭哭了。"然后，如果你们没有哭哭了，爸爸就不用生气了；如果你们不听话，还是哭哭，那爸爸就可以生气，是吗? (黄阿嫩非常确定地点头说，对。)"

原来要这样喔，女儿知道这是与爸爸互动最可行的办法：先预告说，我快要生气喽，你们要停下来，安静喽。因为有一次预告，两次预告，于是，即使后来生气出现了，孩子不会出现过度惊吓的受伤经验，她们会知道，因为我们两次不听爸爸温柔地预告，所以爸爸生气了。有预告，就不会因为突然被骂而惊吓了，真是太有智慧了!

## 有了预告，就有了降低惊吓和创伤的可能

这个新的部分，我命名为"麦克风"。麦克风是拿来预告用的，拿来广播告诉大家的，因为有了预告，于是孩子有了准备，断裂经验与创伤，就有了降低的可能。因为孩子能够预测即将发生的风暴，于是得以不那么害怕而切断联结，或者埋藏自己。

于是，这一天我认真许了一个愿，下一次孩子哭哭吵吵的时候，我要拿出我的麦克风出来预告，说：爸爸最近很累，需要休息，需要安静，你们要停下来了。于是，我的孩子，可以少一些惊吓，多一些在关系里的安全感。这里说到的麦克风与前面提到的翻译者，当然没办法解决所有的关系争端，同时，知道着麦克风与翻译者，都是一份美好的心意，说着一份愿意，愿意更好地对待身边很爱我们的人。

之所以要许愿、要学习为自己创造出翻译者、麦克风的新角色，是因为：如果我们常常情绪瞬间位移，身边我们爱的人，就会被波及、会受伤。受伤一次两次还好，持续在相处的过程里受伤，我们爱的人，就会开始考虑，要不要撤离？要不要离开这段关系？是不是要停止继续爱这个人了？

成长的过程里，我们几乎没有办法避免受伤。原生家庭里的照顾者，常因为压力大而没有了内在空间，于是情绪瞬间位移总是一不小心就刺伤了我们；于是我们不知何时偷偷许了一

个愿，有一天，我要找到一个不会这样伤我的人，好好爱他，或让他好好爱我。不巧的是，当有一天你发现，寻寻觅觅找到的那个想托付终身的人，竟然跟自己的爸爸或妈妈一样会瞬间位移，这个发现的时刻，心里的失望与痛苦，常常比自己想象的还要多……或者相反，不是找到的伴侣，而是震惊地发现，即使自己不想情绪瞬间位移伤害身边所爱的人，但是，却控制不了自己的嘴巴、自己的手脚……

我们的心，有时候像是一片留不住水分与爱的山坡地。开垦"值得被爱的那片山坡地"，是我们自己要负责的。我们可以许下心愿，去开垦、去耕种、去把握机会创造爱的新经验！怎么学？前面提到的新行为序列 ABCD 一步一步学。一次次地深呼吸，觉察自己即将瞬间位移的信号，然后跟自己说：来，深呼吸，洗把脸，然后邀请翻译者出来（很像哈利波特召唤白鹿护法一样）；或者，像黄阿赧提醒我的，用麦克风来预告风雨欲来，然后，把危机创造成一个新的、不一样的好经验。

于是，一天一天过去，因为用心开垦，山坡地说不定开始有了绿意，开始留得住一些水分与爱；然后有一天，我们真的就变成了一个"懂得给爱，又值得被爱的人"。

一年来，不知道发生了多少次类似即将引爆的画面，而我总是努力记得深呼吸，然后说："小朋友，爸爸今天没有什么力气，你们两个想办法安静下来喔……"或者"爸爸快要受不了喽，你们要停下来不哭哭了。"好好地在客厅、厨房、睡房修炼。我发现，因为持续认真的实际操练着麦克风的预告做法，一年来和女儿的互动里，我真的没有被盛怒情绪给淹没而瞬间位移了！我竟然成了我发明新方法的第一个受益者，真是太棒了！

## / 自我对话的小改变 /
—— 就有机会让我们更亲近

　　刚结婚的年轻岁月，有段时间我和夫人有高频率的争吵。激烈的争吵里，我知道自己有个致命、被按到就会瞬间爆炸的按钮。这个按钮是：我没办法忍受伴侣对我有一丁点儿的不满意，只要感觉到夫人有一点点一丝丝地"嫌我"，我就会一把火直接往上升，然后轰轰轰冲破极限！燎原大火随即到来。偏偏我又是个敏感到不行的咨询心理师，敏感的心，加上年轻脆弱的自尊，哎呀，真是要命的组合。

　　不经意间发现，身边有不少人也是这样。然而，"不少人也都这样"，不代表我就只能继续这样难受、卡住。因为伴侣天天见面，争吵实在太难受，所以生命中最有力量的资源常会在此集结，寻找突破的可能。有时候，因为很难受，所以激发了很底层的力气，那些原本没想到的出路，真的会在这些生命卡住的点上出现。

### 经常上演的吵架三部曲
　　每隔几个月，我和夫人重复上演着类似的三阶段争吵戏码：

**阶段一：能量充沛阶段**

傍晚时分，我在球场上挥汗打网球很开心，打完球踩着脚踏车往家里骑，心里充满对夫人、对女儿的爱。我在心里跟自己说，回家要好好对她们好，让她们开心幸福。

回到家，看见夫人疲惫的表情，三秒之内我热热的心就凉了一半。夫人不喜欢傍晚自己一个人照顾女儿，加上累积了一整天照顾家里的疲倦，所以脸垮下了一大半（当先生的看见这个画面，心里其实都会"挫"一下）。神经瞬间绷紧的我，赶紧帮忙洗碗、捡起尿布丢垃圾桶、清猫砂、帮女儿洗澡、捡起地上的玩具……还好因为打完球能量充沛，所以力气刚好足够做这些事。

**阶段二：油将耗尽阶段**

那时，当新手爸妈的我们，吃饭总像是打仗一样，匆忙吃完晚饭、整理完餐桌，我那珍贵的自然流动但不够丰沛的爱也用得快要见底了。偏偏，时间到了接近女儿的睡觉时间，女儿开始有些"番"（闽南语的"拗"、"不知为何闹脾气"的意思），让快累垮的夫人逐步接近爆炸边缘。接下来，没好气的夫人要我去照顾女儿，电力只剩下四分之一格的我，硬把自己拔起来，走到电视前，放巧虎DVD给女儿看。女儿看了一下，就又跑去番她妈妈了！女儿又累又番的时候，基本上是不要爸爸，只要妈妈的。这时当爸爸的常常是即使极尽讨好之能事，也没办法吸引女儿，再加上我的电力已经趋近于零了，对于女儿跑去找妈妈，当爸爸的我有很深的无力感。当挫折感像大海一样瞬间涌上时，我的身体心理马上都变身成笨蛋；那个在讲台上能量流动的哈克，这时候却只能两眼无神地看着白痴巧虎教唱："十个一元等于十元……"

**阶段三：爆炸阶段**

女儿好不容易睡了，电力变成负五格的夫人来到我的睡房，说："你刚刚不是说要照顾女儿吗？你是不是忘记了，怎么变成自己在看 DVD？"

"我是喜欢看十个一元等于十元喔?!"（这是我心里的第一个声音，我没有说出口，因为太白痴、太好笑了。）

接下来我的心出现"轰轰轰"的立体声，敏感的心，加上脆弱的自尊，我瞬间爆炸了！我用不吵醒女儿为前提的最大的音量说："我带着满满的爱回来，要好好爱你们，然后做了这么多，然后你竟然不满意……"接下来的两小时，原本其实挺聪明的我，说出来的话，基本上就是上面这句话，改换语词但不换语气的重复讲二十次。而夫人，一接触到我的激烈战火，瞬间就自动化的切断联结，变成冰冷不接触不联接的大冰库。

这样的三阶段固定戏码，不晓得上演过几次了。我决定这一回要好好来看看，自己可以如何进步一点点。八点半点燃的战火，到了十点半，在熟睡了的女儿床边，我和好不容易化了一点点冰的夫人终于可以说说话了，夫人跟我说，其实当她说："你刚刚不是说要照顾女儿吗？你是不是忘记了，怎么变成自己在看 DVD？"这句话时，因为怕刺伤我，她已经在脑海里淘汰十几种说法，用尽所有可能说得委婉了。

看着已经很尽力了的太太，我温和地说："不是你的话语不够委婉，而是'怕被嫌'是我的死穴。只要你心里对我有一点点一丝丝的不满意，我就会像被按到疯狂按钮一样，瞬间失控。"我深深地、诚恳地承认自己的缺点跟无能，然后想出一个解套的可能方式："所以，夫人，可不可以请你下一次，当女儿又让你很累时，你就大声说：'老公！救救我！'？因为当你要我救你时，我就会变成超人瞬间换装，然后飞出去救你！可是当你嫌我的时候，我会自动变成笨蛋，而且是会乱发脾气的笨蛋。"

这个建议，听起来还不错吧！

可惜，不巧，这样的路径刚好也按到夫人的死穴。夫人的死穴是："需要自由的感觉，不能没有选择。"夫人心里面的独白可能是："为什么你说这是你的死穴你不能改，然后就一定要我说救救我？我不要！"夫人觉得没有选择的自由，而一定要这样做的时候，会生气，心门会锁紧死锁，然后，我们就失去了对话的可能。于是，努力推开的门，又因为门太重而被推回。然而，时间也晚了，我们两个距离千万里远的夫妻，只能各自痛苦不堪去睡觉了。年纪不小了，还是要睡比较好。

夫人没有轻易被我的提议说服，这样的表态在经营亲近关系里，其实是重要的。如果为了关系和谐而每次都委屈自己来照顾伴侣，久而久之，还是会有恐怖、致灾性的山洪暴发。坚持很重要，暂时委屈也很重要；维持和谐很重要，努力说清楚自己为何做不到也很重要。

回到我自己，痛苦地坐在床头生闷气的我，问自己说："怎么会这样？没有其他的可能性吗？我真的那么脆弱，没有办法忍受伴侣对我有一丁点儿的不满意吗？"问归问，因为力气用尽，什么都想不出来。

## 我不完美，但是我有很多的美好

几天过去了，我们也没有讨论些什么，唉！十年下来也吵累了，于是继续爱孩子，继续做那些做不完的家事。过了四五天，我去了一趟经络按摩，按摩完穴道通了，好像一不小心也把死穴弄松了！感觉到能量挺流动的，我问着自己（记得要能量流动的时候问自己，千万不要充满怨恨、不满、很想摔东西的时候问自己），在一个人的车里我这样问自己："下次如果又重演一次这样的戏码，我可以加入哪些新的好东西？"自己一个人开着车，我听见心里一个珍贵的答案突然浮了上来：

"下次，感觉到被嫌的时候，这样跟自己说：'我不完美，但是我有很多的美好。'"

听见这个让自己深呼吸的答案，我有很深的喜悦，因为我知道，这个死穴被我自己解开了。当我这样跟自己说的时候，我就不会把伴侣对我的一丁点儿不满意自动地放大放大再放大，然后轰轰轰爆炸。

是的，我不完美，这是事实，即使我真的希望自己很完美；是的，我有很多美好，这些美好，都是我的一部分。我打球开心是美好，我洗碗倒垃圾清猫砂是美好，我跟女儿在床垫上开心跳舞是美好，我带工作坊深刻又自在动人是美好，我疼爱后辈毫无保留是美好，我有好多好多美好，这些美好都是如假包换的我。

开车回到家，我跟夫人说，下次三阶段经典吵架桥段又来的时候，我会自己在阶段三失控点火的前一秒钟，跟自己说："我不完美，但是我有很多的美好。"

夫人温柔地看着我说："这么好喔，你愿意这样做……"夫人很清楚知道，这个老公只要说他要做什么，就会做到，这是十年才有的笃定。然后，真的就没有"轰轰轰！"了吗？我自己也挺忐忑。会有用吗？会不会又失败了呢？

有一天，一模一样的桥段真的又上演了，验证的机会来了！一样的前情提要：我一样带着很多爱，做了很多家事，然后累了；一样的地点：在睡房；然后夫人不经意说了类似的话，像是："我觉得你下次可以……"

"嘶嘶嘶嘶……"感觉引信已经红彤彤的快速接近火药库了，闭上眼睛，我深吸一口气，听见心里浮上的声音："是的，我不完美，但是我有很多的美好。"

结果，有火气，可是没有爆炸耶！我起身，去浴室洗脸降温一下，三分钟以后，我走到睡房的门边，站着（记得喔，要尝试新行为，就要改变身体的姿势与位置，以前每次吵架沟通时，我总是没力地躺着，所以这次换成站着）。看着眼前这个知道因为自己说了一句话而将要承受老公两三小时炮轰、沮丧着的夫人，我开口说：

"你有一个坏习惯。"①

"你的坏习惯是，总可以在我做的很多好事情以外，看见我还可以多做些什么。这个坏习惯，其实是你很好的能力，你总是能看见事情可以怎样改进得更好一些，你这个习惯用在编辑文章上，会让一本书或一本手册变得很好、很完美（因为夫人当时正在编订一本卡片带领人使用手册）；但是，用在我身上，我觉得很'差'。"

倚在门边，我继续说："在我这么用心付出之后，还跟我

---

① "坏习惯"的说法，其实是带着祝福对夫人行为的命名。当我们说坏习惯，表示这是一种习惯，不是故意的，只是因为习惯而不知不觉就这样做了。同时，也隐含着一个可能性，说的是：因为这是习惯，所以是有机会建立新习惯的。

说可以怎样更进步，实在不是一个好习惯。这个能力，真希望你可以用在别的地方。"

这一天，我们不再像往常一样，吵到不知如何是好只能难受地去睡觉，引线嘶嘶嘶嘶点燃之后的三十分钟，我就已经可以温柔地跟夫人说："来，来我怀里。"

常常只是这么一个小改变，就让我们又更亲近一点点。

**被嫌弃，只是引线，不是炸弹**

我不完美，但我有很多的美好。

这么一句接受自己的话语，真的就这样改变了我和夫人的关系。最近这几年，嘶嘶嘶嘶的引线，依然会濒临爆炸边缘，同时，轰轰轰的大爆炸，真的就越来越少，越来越有控制感了。有时候，我们求的不是不吵架，而是可以逐渐在亲近关系不可避免的吵架里，拥有越来越多对自己的控制感。

对自己的不满意，常常是伴侣关系吵架时，被埋在地底下的隐形炸弹。被伴侣嫌，只是引线，不是炸弹。引线所引爆的，是一直以来无法接受"自己不完美"的那个自己。于是，被嫌，引爆隐形炸弹，然后因为不知道怎么承接这样有缺陷的自己，只好把炮火转向眼前这个表面上肇事的人；因为不知道怎么承接自己，只好炮轰别人。

炮火转向，当然不是故意的。因为不是故意的，知道了，觉察了，就可以用新的自我对话来置换了。原本的自动化循环是这样的：

伴侣嫌我 →"我已经这么努力了，你还不满意。"
　　　　 →"我这么努力，都还不能让伴侣满意？"
　　　　 →"我这么差劲，都做不好！"
　　　　 → 指责对方

置换以后的新脉络是这样的：

伴侣嫌我 →"我已经这么努力了，你还不满意。"
　　　　 →"我不完美，但我有很多美好。"
　　　　 →"我真是一个挺不错的人，来继续努力吧！"
　　　　 → 好好说话

在关键时刻，我们负起责任，深吸一口气，然后跟自己说那句别人真的无法为我们说的自我对话："是的，我不完美，但我有很多的美好。"于是，无法承接自己的那份情绪，就不会乱弹到伴侣身上，因此，多了一点儿力气与空间，好好继续爱。

## / 生气了，可不可以仍然记得他的好 /

那是一个春天的午后，两个年轻的后辈写了一封电子邮件给我，信里是小两口的一段真实对话：

"为什么你生气的时候，都忘记我对你的种种美好？"

"我就是很生气，我气你做了这件事情，不代表我忘记你过去做的美好。"

"可是，我想发脾气的时候，都会记得你的美好，所以我就不会生气了！"

"我知道你对我好，可是我需要完整地生气，我生气了，不代表就否定你的美好。"

"好，我知道你需要完整地生气，可是，我想知道你记得我的美好吗？"

"是，我记得，但是，我现在非常需要好好地生气。"

这一段争吵，其实已经超有水平了，充满了清晰的需求表达。这几年专心体会并存哲学的我，看到这段对话，一时手痒，回了一封信给这对可爱的小两口，信里给了一个新的对话选择如下：

> "为什么你生气的时候，会忘记我对你的种种美好？"
>
> "我就是很生气，我气你做了这件事情，不代表我忘记你之前的美好。"
>
> "可是，我想发脾气的时候，真的会记得你的美好，所以我就不会生气了！"
>
> "我知道你对我好，可是我需要完整地生气，我生气了，不代表就否定你的美好。"
>
> "好，这个时刻，我知道你需要完整地生气，同时，我想知道你记得我的美好吗？"
>
> "是，我记得（伴随着真的愿意停留在这里的深呼吸），同时，我现在非常需要好好地生气。"

眼尖的朋友们可能已经看出差别了！

关键的并存连接词"同时"出现了两次。这里之所以使用"同时"，而不用"可是""但是"，是因为我们习惯的沟通互动里，会只听见可是与但是后面所接的内容，而把前面的善意给忽略了。当我们逐渐习惯使用**"同时（and）"**这样的语词，接收信息的对方，就更有机会同时听见我们的善意与真实的需求表达。

另外一个小差别，是**"这个时刻"**。我偷偷地加了"这个时刻"，说的是：是的，这个时刻我愿意承受你的情绪，而当下一个时刻到来的时候，我可以有别的选择。"这个时刻"的语法，是一份对于关系冲突的愿意承受，同时给了自己下一个时刻的自由度。

我们如果可以在吵架的时候，依然记得对方的那些美好，脑子里知道，同时心里也感受着，眼前的这个人——有限制、有美好、有机车、有散漫的时候，也有努力的时刻……那么，吵架，常常就可以不用那么毫无转圜的余地了。

## 同时看见对方不同的风貌

在《关系花园》这本书里，作者有这么一段经典的文字：

所有感受在每个人心里都是一幅巨大的风景：这里有一座代表平静的凉快山谷，那里有一个代表绝望的沙漠；这一区象征坦诚的辽阔平原，再过去是兴奋、喜悦的群山，旁边还有代表冒险的可怕悬崖；这一边可能下着哀伤的细雨，那一边是代表欲望的狂野丛林。当你处在内在地形中任何一个区域时，很容易觉得那个区域就是全部，忘记自己只是把当时的特殊感受放到最突出的位置。所有其他感受（风景中的其他区域）仍然存在，只是暂时退到背景，你可以确定自己在其他时候会移到别的区域。牢记这一点，就可以在自己卡在某个感受跳不出来时，想到其他远景。当你攀爬喜悦的高山时，也请记得沙漠就在不远处，好在你滑落到沙漠时，不需要觉得绝望。请带着指南针与远景与你同行！（引自《关系花园》第84页）

看待自己时，我们可以像上一篇文章里，这样接触着自己："是的，我有不完美，同时，我有很多的美好。"而当我们因为真实的彼此差异而争吵时，也可以用《关系花园》里的名句来提醒着自己："是的，我看见了哀伤的细雨；是的，我也听见了欲望的狂野丛林；同时，是的，我感受到了坦诚的辽阔平原；是的，平静的凉快山谷也真的好好存在着。"

《关系花园》里这段经典的话语，也让我想起我们家两个很不一样的女儿，大女儿黄阿赧温柔体贴，小女儿黄毛毛霸气直接。有好几回在家里客厅，黄阿赧因为想和妹妹一起玩扮演游戏但被拒绝，而委屈落泪。在走向客厅介入姊妹的战场之前，我常常先深吸一口气，跟自己说："这个心很软、容易委屈哭哭停不下来的女孩，跟那个贴心地关灯摆好枕头好让爸爸休息的女孩，是同一个女孩。"于是，往前走去的我，因为确认这脆弱的背后，是一份体贴的柔软，所以就不会那么急着要马上教会黄阿赧如何坚定、如何坚强。

黄毛毛有一件事情让当爸爸的我很头痛，就是每天被规定只能看三十分钟电视的那段时间，三岁多的黄毛毛看电视很随性，姿势百百种，其中一种姿势是那种接近倒立的样子，头脸在地上，双脚在空中摇晃，眼睛看出去的小蜜蜂美雅，根本就是倒过来的。当爸爸时很平凡很平凡的我，因为要负责担心女儿的视力，总是会着急地说："黄毛毛！坐好！不然爸爸要关电视了喔！"

问题来了！霸气十足的黄毛毛，哪里会轻易屈服在小小的威胁之中。何况，这聪明的小家伙知道，爸爸一旦关掉电视，旁边的黄阿赧姐姐，会立刻委屈地哇哇叫起来，然后接下来爸爸会心疼姐姐，这些没有明说的家庭动力，让黄毛毛根本就不怕爸爸的小威胁，继续她的特技姿势观看电视。这时候，我就会一把火上来，怎么办？不知道怎么办，就先深呼吸……跟自己说："这个'不轻易屈服听话坐正看电视'的黄毛毛，跟那个'很霸气地说，姐姐，你怕黑喔，要不然，那我陪你去上厕所好了'的黄毛毛，是同一个。"

于是，深吸一口气，看见对方的全景，因而可以不掉进原本的争吵循环里。因为这样为自己与关系创造出新的空间，于是，其他的可能性，有机会进来，有机会发生。这样的并存观点，说不定会让我们更自由，因为我们一旦并存地接进了对方的生气，也接进了对方的美好，这时我们都站在真实的土地上，一同为更好的亲近关系而继续尝试。

## / 把遗落的自己带回家 /

这天早晨，一如往常的，催促两个女儿吃早餐、剥蛋、穿衣服、带手帕……忙了一阵子之后，两个小姐姐终于人模人样地蹲在门口穿鞋子了。平常很爱上学，常常要妈妈晚点去接她的黄阿赧，突然有些反常地开口问我："爸爸，你今天可不可以中午就来幼儿园接我们？"也正弯着身子穿球鞋的我，有点讶异地问："喔！为什么？"黄阿赧用透露出一点点委屈的声音说："因为我好几天都没有睡午觉了，阿毛都不让我睡……"

当爸爸的，心疼一下子就涌上来了。这个寒假，为期两周的寒假班我们选择只上一半，第一周带她们出去到处玩耍增广见闻，第二周送她们上寒假班，好让我们在年末之际喘息一下。在这个寒假班里，两个小姐姐，本来被分配到两个不同的班（都是混龄班），上到第三天时，阿毛因为和班上老师和同学都不熟，开始咿咿呜呜不去上学了。我和夫人想了一个办法，拜托园长，让阿毛转到姐姐的班上，于是阿毛开始和姐姐形影不离，听说，星期三、星期四两天，姐姐都很照顾妹妹，一起操作教具，一起吃午餐，一起睡午觉……阿毛很喜欢姐姐，姐姐似乎也挺享受当一个照顾妹妹的姐姐。

我深吸一口气，用心地猜猜看小姐姐的心情，我猜，黄阿赦除了享受当姐姐以外，可能也长时间照顾哭哭想妈妈的妹妹，真的累到了。我转头跟夫人说："黄阿赦当姐姐，连续几天照顾妹妹，可能很辛苦，想休息了，我们今天有没有可能调整行程，中午接她们姊妹回家，让黄阿赦可以好好睡个午觉。"小女孩可能是被爸爸读懂了心情，瞬间就红了眼眶，豆大的眼泪咚咚咚咚落在木头地板上……

一旁原本安静的夫人马上发挥她问问题的专长，把握时机问着："黄阿赦，你中午在幼儿园照顾阿毛睡觉，阿毛是不是都不让你睡？"黄阿赦边掉眼泪边说着："对呀，阿毛躺在我旁边，我有时候都快要睡着了，她会想爸爸、妈妈，然后还会哭哭，有时候阿毛瞪大眼睛看着我，先是表情怪怪的，然后就突然打我，害我明明就快睡着了，结果又被吓醒！"

这下子我的脑海里可以清晰拼凑出整个画面了。原来啊，阿毛在陌生的班上，虽然有姐姐，可是到了睡觉的柔软时段，特别想念爸爸妈妈，不知如何是好的时候（因为不知如何是好，才会出现怪怪的表情），无计可施之下，就只好拿起小手，把即将睡着的唯一的亲人黄阿赦姐姐打醒，来陪伴不知如何入睡的自己。

夫人心疼地把黄阿赦小妹妹拥入怀里，疼爱着她。我在一旁深呼吸着，然后用很肯定又充满爱的声音说："黄阿赦，你这几天辛苦的当一个照顾妹妹的好姐姐，一定很想早点回到家，好好地睡个午觉。没问题，今天爸爸中午就去接你们回来！"然后，就真的把原本排满的行程更改了，去"把她接回来"！

因为连着两天想睡都不能睡的疲倦与辛劳，那个充满爱，想好好照顾妹妹的一颗心，被遗落在教室的角落里了。还好，当爸爸的我，今天没有太匆忙，没有一不小心错过了。在绑鞋带的当下，有停下来多问一句"喔！为什么？"，有带着愿意懂的心，多猜一点女儿细腻的心，因而，在冬天的这一天早晨，没有让女儿充满爱的心，遗落在那里。我们的懂和爱，加上了陪伴，带她的那颗心回到了心里的家。遗落的心，一有机会被带回心里柔软的家，安在感、放松感、平静感，常常都会一起悄悄地光临。

带"被遗落的自己"回家，不是只有在治疗的场景里，才可以做，在日常生活里，只要发生的当下，有觉察，就可以寻找资源，想办法带自己回家。

还记得自己出第一本书之后，在诚品书店为读者举办了很体面又挺盛大的签书会。那一天，大大的海报上有哈克的巨幅照片、来来去去的人潮，原本好期待这场签书会的我，却因为人生地不熟，害羞怯场了起来，明明准备了二十几页自己读着都会感动落泪的PPT，却只能不知所措地拿着麦克风，久久都说不出那些准备许久的好东西。那天，我真的失常了，我把自己遗落在信义诚品书店三楼了。

被遗落的自己，是要深呼吸才能有机会带回家的。

那个签书会的夜晚，匆匆签完上百本书之后，我独自在高铁月台等车回台中，拿起了手机拨给好朋友锦敦，电话里，说着自己的慌乱、说对自己表现不好的生气、说以后签书会一定要找好朋友林祺堂老师来当主持人，那就不会这么慌了……电话那头，锦敦其实没说什么，就只是带着一份懂的心情，说："那真的是辛苦了……"我一边大口叹气，一边慢慢地觉得某部分的自己开始被承接了，于是，就不那么整个都遗落了。

愿意说，然后有人听、有人懂，被遗落的自己就有机会越来越少。

如果有机会可以带曾经被遗落的自己回家，我们就很有机会减少对伴侣的抱怨与责怪；如果可以带自己回家，也就有机会不常责怪自己为什么活得这么差。于是，生命里如果出现了风和日丽、无风无雨的日子，就来好好健康地活着，一天天累积好的状态、好的资源，那么，一旦风雨飘摇的时刻到来，就有了很好的资源与基础，可以迎接被遗落的自己回家。带被遗落的自己回家发生越多次，完整的自己就越发清亮！我自己，用了十五年的时间，没有放弃任何机会，迎接回来一个又一个曾经被遗落的自己，因而一天比一天多点力量。

如果，你想起曾经生命的某个时刻（例如十二岁那一年），有个被遗落的自己，可以试试看以下这段"美丽的回家语法"把自己带回心里的家。

---

### 美丽的回家语法

• 预备动作一：先找出一个自己喜欢自己的经验，最好是长大以后的美好经验。

• 预备动作二：做三次深呼吸，回到中心，安静又有力量。

• 实际操作：

这样跟自己说："好啊，是个好时机，来把……（十二岁）的自己带回家了……让长大以后的自己……（平静安全温暖）的自己，把（十二岁）的自己抱进怀抱里……对……对……再也不孤单了，带回家了……（这时候常常会有很深的触动伴随着深呼吸或吐气），哇！对……对……真好，就这样带自己回家了……对，真好，真好，回家了，就完整了，就安心了……"

---

### 清澈的眼泪 VS. 刚开始的眼泪

因为长期带领助人工作者的训练，我常常有机会遇见两种眼泪，在工作坊里，观看我现场做治疗示范的成员，有些人看到触动之处，会流着"清澈的眼泪"，而另外一些成员，眼泪不是流的，是无法控制喷出的，那是"刚开始的眼泪"。

"清澈的眼泪"常常是静静无声地从脸庞流下，那是慈悲的眼泪，是为眼前这位正被我陪伴的示范主角的生命苦痛而流下的泪水，那是一份懂得的情，是一份关爱心疼的眼泪；而"刚开始的眼泪"常常伴随着强烈的呼吸声喷发而出，有时候甚至会大声哭到有点喘不过气来，这样的眼泪说着：又有一个被遗落的自己被发现了，因为发现了被遗落的自己，那么，真的就有一段回家之路，在眼前呢！

每回，遇见这些不知所措的"刚开始的眼泪"，我的心里常会出现这样的一段祈祷："亲爱的老天爷，请您照顾这颗受伤的心！不知道什么时候、什么场景，这个珍贵的心被遗落在某个时刻、某个角落、某个无法承受的情绪里，请老天爷在合适的时候，照顾这颗心，让这颗心，在一年一年努力地长大之后，有被带回家的好时机……"

清澈的眼泪怎么来？

清澈的眼泪，从刚开始的眼泪那里，慢慢慢慢地走过来；清澈的眼泪，从拥抱自己的伤开始，因为能把自己的伤拥入怀里，一次又一次地带被遗落的自己回家，所以一步一步地走向幸福。

## / 有症状出现，或许是你准备好了 /

——许给自己一个家

有一年，我到美国加州参加吉利根博士的工作坊，那次的课程里，在治疗师的陪伴与照料下，我把七岁遗落在街头的自己带回了心里温暖的家。那之后，不知为何，开始有了一份信心，相信自己可以建立一个属于自己的家，于是那个夏天提起了勇气求婚，来年在台中结婚，三年后生下大女儿，过两年小女儿也来报到，人生就真的这样开始建立自己的家了。

事隔八年之后，吉利根博士来台湾开课，我充满期待又去上课，三天的课程里，听到了好几个震撼的观点，其中一个是："忧郁、焦虑，都是成长的一部分。所以，我们的任务不是要去除忧郁焦虑，而是在忧郁焦虑的时候，要'记得继续成长'。也就是说，成长的路上，本来就会忧郁焦虑，所以忧郁焦虑，是要走过的，是要迎向的，同时，千万不要忘记继续成长。"

吉利根博士还说："当一个人的症状出现了，可能是内在资源足够了，不用再完全依赖防卫机转来保护伤了。所以，症状来的时候，我们可以欢迎它，让我们一起来工作。"多么震撼人的观点啊！症状来了，是因为内在资源足够了。生命的底下有一个伤，这个伤等在那里，等着有一天，它的主人累积了足够的能量与资源，然后，终于等到差不多了，于是用一个信号（症状）来通知主人说："我在这里"。

## 伤口＋资源＝完整的我

这个我衍生的数学式子，说的是：如果我们听懂了、听见了这个信号，因而能够安静地回到中心，让"伤口"遇见了"资源"。这么一来，我们的内在就会有伤，也有资源，一起都在，一起成就完整的我。当人生的阴影遇见了力量与阳光，我们不再晦暗，也不再轻飘飘，我们有机会共同合作、造就完整的我。

可是，为什么许多人的症状出来以后，就只有受苦，而没有走向靠近完整的道路？为什么呢？其中一部分原因，是因为内在没有长出能够承载"让伤口与资源并存"的好状态。这个好状态，又称为**好场域**（field），有点像是煮萝卜排骨汤的稳定炉火，稳稳的热能，让原来本质生冷的白萝卜，有足够的时间在暖暖的汤里，与温润滋养的排骨轻轻碰撞、混合交融，慢慢变换出美味的汤头。

那么，要怎么样为自己长出承载"让伤口与资源并存"的场域呢？我的第一本书《做自己，还是做罐头？》里，提到的几个生活练习都是可以长时间累积的好途径，像是回到中心、并存、清洗内在宝石。透过持续地练习回到中心、清洗内在宝石、并存句型，会有机会在生命里拥有一份安静，进而拥有一份与内外资源联结的好状态。而这本书里，还有一个接下来会说得更详细的路径，叫作《为自己创造一个家》。

以下这段文字，是我在工作坊现场的创作，是我自己很珍惜的一段手稿，放在这里，和读者分享。如果你愿意，可以念给自己听。

## 为自己"创造一个家"

邀请你找一个舒服的位置，让背稍微坐正，背有点支撑会更好，来享受一段大约十分钟的内在旅程。

"我有一个家，让我可以回。"

其实，我们都准备了好久，才有一个家，让自己可以回。如果你愿意，可以把眼镜暂时摘下来，如果你的皮带很紧，可以稍微松开它。

出生的时候，我们的爸爸、妈妈或家人，帮我们准备了一个家。好不容易可以走到这里，今天，咱们来帮自己，拥有一个家。如果生命中曾经有遗落的自己，那么在心里，来创造一个属于自己温暖的家，一个可以带他回来的家。

想要邀请你，把一只手放在心脏的部位，另一只手放在肚脐的部位，或者两只手都放在肚脐，都可以。你会知道放在哪一个部位，有机会陪你找到、拥有、看见这个好不容易才帮自己建好的一个家。

等一下我们要来看一看、听一听、摸一摸这个我们为自己建立的家。它可能小小的，它可能大大的，它可能高高的，它可能宽宽的，它可能是一个舒服的小角落，我们要来一起看看，它长什么样……

你一定没有把自己丢掉很多很多很多，所以才能够来到这里；你一定曾经握紧拳头，然后跟自己说，再努力一点，再撑下去，所以你才会来到这里；你一定曾经凝视远方，然后说，孩子，让我们一起努力，再试试看；你一定曾经在摇晃的船上，紧抓着自己的舵，然后说，"我的力量在这里，我没有要放弃。"你才会来到这里……

所以，你的肩膀一定疲倦了，你的脚一定酸了；所以，不知不觉其实你已经帮自己，创造了一个可以让自己回的家。远远地、近近地看，你的家长什么样……

全世界，只有你，看得见。全世界，只有你，有资格开这个家的门。

它有窗户吗？它的门，长什么样子？

走进去，看见什么样的风景？

哪里有灯？哪里有音乐？哪里有花，有植物，有摆饰？哪里有窗帘？哪里有舒服的角落？哪里有可以喝水的杯子？

在这个家，找一个舒服的角落坐下来，跟自己说，"这是我的家"。谢谢自己走到这里，拥有这一个家；拥有了这个温暖的自己的家，我们就有资格，一次一次地带自己回家。

可能是一杯热茶，可能是一杯温牛奶，在舒服的角落里，好好享受这一个自己好不容易才为自己创造的家。左手摸摸看，摸到什么；右手摸摸看，旁边摸到什么；这个房间，还有很多你没有发现的好东西；全世界，也只有你看得见这些好东西。

它说不定有暖炉；它说不定有电风扇；它说不定有一盏暖暖的灯；它说不定有一个厨房，可以做菜；它说不定有一个花园，可以安静。

等一下，当你准备好，或者觉得今天足够了，就可以慢慢回来。同时你也知道，想回去，家随时就在那里，没有人可以阻止你回去这个家。你不一定需要常常造访别人的家，但是，你可以常常回来这个家。因为，这是你的，这是你为自己创造的家，没有人能够拿走。

几年前我念博士班的时候，上了一堂很有意思的"亲子游戏治疗"课。彰师大的高淑贞老师，教了"鼓励"与"称赞"的差别，这个差别一直到今天，还是让我很受用。

称赞，通常是这样说的："你好棒喔！""你真聪明！"

鼓励，比称赞多了观察到的种种，包括能力、表情或行动，然后加上赞赏的语词。像是：

"爸爸看到你用叉子插起最后一口蛋糕，小心地拿给妈妈吃，你好贴心喔！"

"阿胖，我看你最近每天都流汗跑好几圈操场，很有毅力喔！"

"夫人，你最近很常煎鱼给孩子吃，又香又健康，孩子有你这样的妈妈，真幸福……"

听说，只有称赞，对孩子的成长没有太大的帮助。

听说，如果多用带着例子描述的鼓励，被鼓励的对象，包括成人与孩子，会有机会建立稳稳的自信心。有了自己的家庭之后，这几年很认真一次一次地提醒自己，用鼓励来取代称赞，然后真的看到两个女儿和夫人都稳定地长着自信心呢！

那天在浴室门口，黄毛毛需要小椅子来站着，才能在洗手台那里刷牙，然后，大概小椅子有点喷到水了，黄毛毛就拿着毛巾在擦椅子……在浴室的门口现场，传来黄阿赧好立体、好开心的声音说："阿毛！你好用心、好仔细，在把椅子擦干啊！"看来黄阿赧大概学到爸爸的精髓了，那么完完整整地赞叹着妹妹！我听见了一份"全然的赞叹"！

"全然的赞叹"远远超过了在亲子教养上被极力推崇的"鼓励"。因为透过声音、透过全身的表情，那么全然的整个人都在说着那句话！所以，听着的人，一定全身的毛孔都在微笑呢！生命里，如果有人这样全然的赞叹，听见的人，一定有机会更喜欢自己、更爱自己。

## 练习全然的赞叹眼前的人

真实的生活里，在我们的文化氛围下，全然的赞叹其实很罕见。我们的文化挺担心如果孩子从小就这样被夸奖赞叹长大，怕他们会骄傲自大。其实，被全然的赞叹对待长大的孩子，除了长出了对自己珍贵的喜欢以外，只要好好学习"敬意"，那么，对自己的喜欢，就可以是很单纯地喜欢自己，而不会失控走到了把别人压在下头的那个骄傲自大的位置。我用一个方向公式来呈现：

**喜欢自己＋尊敬别人＝有机会快乐又适应地活着**

于是，我们有机会来练习使用全然的赞叹，来让身边的孩子、身旁的朋友亲人，更喜欢自己。生活里，其实挺难等到别人全然的赞叹自己，因此，想要一天比一天活得好，有一个可以操作的好行动，就是练习"全然的赞叹眼前的人"。

我从高中时代一直到现在，都很持续认真地练习这个功课。有一个好笑的例子，发生在我读高中的时候，那时我周末要搭火车从台南回到老家大甲。有那么一次，我背着书包坐在莒光号上，忽然一闪神，像电影场景似的，走道那端出现了一个清秀脱俗的少女，走向我，竟然在我的座位旁坐下来了……少年的心，一下子骚动了起来，好想好想跟身旁的少女聊天啊，如果可以要到她的电话号码就太棒了……

因为火车座位本来就很靠近，所以少女的眼睛离我不到六十厘米，我看着她从包包里，拿出一叠厚厚的信，一封封慢慢拆开、读信，不时还从嘴角的酒窝里露出迷死人的微笑。还记得那时候十六岁的我，脑海中不知道跑过多少句搭讪的句型，那些句型现在想想，其实大部分都挺白痴，像是："小姐，你住哪里？"还有一些句型，是一说出来就会被认为变态而马上被打枪的，像是："小姐，你用哪一牌的洗发精，好香喔！"

因为少女实在太迷人，我用尽了我的小脑袋可以驰骋的范围，最后说出了一句到现在自己都还欣赏不已的句子。趁少女读完一封信，还没有打开下封信的空当，我转头小心翼翼地开口说：

"你有好多朋友写信给你，好棒喔！"

这样一句全然的赞叹一落，清丽的少女原本微微笑的嘴角，瞬间绽放为盛开的笑容，一点点娇羞地说："没有啦，我刚搬家，回去旧家拿信，都是以前中学同学写给我的信，都是很好的朋友……"（读者看到这里，有没有很想拍手叫好啊！）

后来，有没有拿到少女的电话？

有，但是我没有打过电话给她。我们倒是给彼此写信，持续一年多的时间呢！

写书的现在，想起火车上搭讪场景里的自己，那么年轻就认真思索句型语法，而能说出那样全然的赞叹，心里还是很佩服那个年轻的自己呢！

我的第一本书里，有个不少读者喜爱的解梦故事。故事里的主角小禅有一天寄来一封附上图画的电子邮件，打开图文件的我看见小禅画了她梦境里看见的彩色小羊。收到信的我好开心，马上这么回信："收到了彩色的小羊，我好喜欢好喜欢，我把这张图，放在我的计算机桌面，一开计算机，就看见了！我好期待你的这个梦，跟你画的小羊，可以出现在我的第一本书里呢!"是啊!把喜欢的东西、照片、作品，放在计算机桌面或手机待机画面，是现代人很能随手做到的全然的赞叹，除了自己可以看见画面而回味之外，还能完整地表达珍惜。

可能因为我做这个功课够久了，我身边真的开始有好朋友，也会全然的赞叹我，为我的生命，增添了好些动人的色彩。今晨，收到一封让我红了眼眶的电子邮件，是远在西藏旅行的好朋友锦敦写来的：

哈克：

　　人在异乡，怎么想念却都是家乡。也才发现，会想念的，也就是这些人；会想念的事，也就是那些事。不多，也不复杂。心想，回台湾以后，生活还可以更简单些。

　　我最常想念起，我们聊天、泡汤的时候。心里就想着，回台湾找个时间和你再去泡汤，好好说话，那真是幸福的生活方式。

　　愿我们都可以健康地活久些！

锦敦

短短的信里，没有任何的夸奖，没有任何华丽的语词，但是有着浓浓的珍惜与全然的喜欢！人，可以这样，就被爱到了。被爱到一次，会觉得是碰巧；被爱到两次，会觉得开心；被爱到五次、六次、七次，会知道，我真的有可爱的地方；被珍惜的人爱到十次、十一次，就确定了，我真的值得被爱。

常常给出全然的赞叹，养成给出赞叹的好习惯之后，常常会发生的事情就是，你的身旁，开始会出现一个又一个不知不觉就给你全然的赞叹的人。

生命的优惠怎么来？

当然不会自己来，所以，要不要试试看，先从赞叹身边的人开始！

## 全然的担当句型："没问题，包在我身上！"

使用时机：心情好的时候

使用者状态：愿意成全彼此

建议用量：一天不要用超过三次

有了全然的赞叹在亲近关系里当基底，我们就有了很好的位置，开始练习全然的担当。关系里因为有全然的赞叹持续地发生，于是有了力气可以大声说："没问题，包在我身上！"

大女儿八个月大的时候，当新手爸妈的我们，常常忙到喘不过气来。那时候就很怀念黄阿赧刚出生时，每天睡觉时间一到，我们把她用舒服的包巾包起来，轻轻放在床上，美丽的眼睛看呀看，就睡着了。到了八个月大的时候，喔！每天要陪她好长一段时间，女儿才会缓缓入睡。因为照顾女儿很疲累，我们夫妻两人，都满脸倦容，唉，真的是不容易的人生啊。想起刚结婚时的那些清爽的日子，真是怀念怀念再怀念！

照顾女儿的过程，夫人和我常常会有这样的对话："老公，黄阿赧大便了啦，你帮她洗屁股好不好？""老婆！黄阿赧想吃奶，她不要爸爸了啦，你赶快来！"

你如果有小孩就会知道，这种时候都很想大声说："不好！""可不可以不要？"因为真的太累人了。

可是，夫妻就是两个人，我不做，就是夫人做；夫人不做，就是我做。所以，常常就会拖着疲惫的身躯，在浴室里默默地洗那个小屁股。这样一天天过去，夫妻两个都会很怕听到这样的声音，"老公，你可不可……""老婆，你可……"

这样下去也不是办法，所以，要来发明新句型。

既然哀怨地做也是要做，那就来爽快一点。有一天，夫人开口："老公，月底了，要记得领钱给保姆了喔！"我深吸一口气，然后大声勇敢地说："没问题！包在我身上！"夫人听了好开心，还跟我说："这样听起来好放心喔！"

于是，我们开始快乐地练习这个句型，像是黄阿赧快睡觉了，我说："太太，女儿拜托你喽！"夫人就大声回应说："没问题，包在我身上！"哎呀！听起来真的很好听耶！一整天，就这样练习好多次，越来越喜欢这个句型。

话说回来，我们不可能每次都这么有担当，所以，加进一个辅助句型来平衡。有天晚上，我教了连续四小时的心理学导论回到家，黄阿赧在床上滚来滚去，天渐渐暗了，我躺在女儿旁边休息，夫人说："老公，你可不可以帮小蛋头洗屁股，她大便了。"我想了想，真实地这么回答："太太，我愿意，但是，我真的没力了。"

这个搭配的辅助句型，就是"我心里愿意，可是我没力气了……"，这很适合用来搭配全然担当的句型"没问题，包在我身上！"。意思是说，有时候，爽快地答应；有时候，真的没办法，就不好意思地说我没力了，同时也表达愿意，这样子，说不定挺平衡的。

试试看，这样全然的担当的句型，让一些"不得不"的哀怨，变成勇敢有气魄的承担。我爽快地担起这个担子，你勇敢地担起那个担子，那么，这个家，就有了好的支柱。

## / 用心滋养彼此 /

人，在关系里得到满足；人，也最常在关系里因为得不到想要的需求而受苦。我发现，身旁那些相处起来舒服自在的朋友，都有一种"无所求"的独特状态。无所求的意思是，自己有自己的满足，有自己的生命重心，因为好好活着，好好经验着生命的一个个画面、一个个时刻，因而没有一定要别人补的洞。

不是没有洞喔！只要是人，就多少会有大大小小黑黑灰灰的洞和痛。只是，无所求的人，不依靠别人帮他补这个洞，不强求别人陪他体会这个痛。

> 洞，是我的，我负责好好来填。
>
> 伤，是我的，我想办法；
>
> 痛，是我的，我找方法抚慰。

因为不强求，所以身边的人就不会因为怕被拖累而选择远离。没有选择远离与保持距离，我们才真的有机会拥有亲近关系的可能。话说回来，从哪里可以一步一步走向无所求？我第一本书里头讲的"信任我正经历的"，是很基础的第一步。如果可以在生命的种种发生里，觉察被自己推开的那些部分，然后像纪录片导演一样，拍摄纪录着自己的生命轨迹，一次次深呼吸之后开始可以相信自己正经验的。人一旦对自己有了信任，就有了属于自己可以控制的依靠，从此就不用整个人巴在别人身上，这么一来，身边的人就轻松了起来。

### 滋养并存句型："同时，我也看见你是……"

使用时机：自信心培养阶段

使用者状态：愿意对彼此好

建议用量：视体质而定，可以两星期用一次，也可以一个月保养一次。

逐渐走向无所求的路径，除了信任我正经验的，还有另一个可以和好朋友练习的活动，那就是"滋养并存句型"。这个活动，不是逼迫别人来滋养你，而是我们立下一个志愿，许下一个约定，来创造一个气氛与情境，用心滋养彼此。建议你可以先找好朋友来一起练习，等到熟练了，也更喜欢自己一些了以后，再找亲近伴侣练习。（不骗你，我发现从好朋友开始练习真的比较好！）

　　滋养并存句型，是我在吉利根博士的讲义里，发现的一个很棒又很实用的句型。先来看看这个很适合在关系里操练的句型结构（吉利根博士设计，哈克翻译与改写版本，A 是主角，B 是陪伴者）：

　　A1："我是一个_____的人。"

　　B1："是的，你是一个_____的人。"

　　（B 专心的接收 A 说出来的信息，接下来安静地听心里的声音，让直觉浮现，接收到直觉信息时，常常会伴随一个自然的深呼吸，然后就可以说出下一句。）

　　B2："是的，同时，我也看见你是一个_____的人。"

　　A2："是的，同时，我也是一个_____的人。"

　　B3："是的，这两个都是你；同时可以拥有这两个，真好。"

　　A3："是的，这两个都是我；同时可以拥有这两个，真好。"

　　B4："是的，你比这两个部分大得多。"

　　A4："是的，我比这两个部分大得多。我接纳这样的我，并且深爱我自己。"

　　眼尖的你，大概很快就发现，这个句型最关键的所在，就是 B2 的那一句。A1 是典型的对自己发牢骚、自我怀疑的语句，是我们遇见重要事情或挑战时，会自动化跳出来的自我对话，像是："我为什么总是这样没力没力的……""每次到了关键时刻，我都没有勇气，真没种……"这个句型里，陪伴者 B 先承接住抱怨或自我怀疑，所以 B1 接住说："是的，你是一个_____的人"。许多人听见别人自我怀疑，总是要赶紧安慰他没那么严重，可是，那些自我怀疑里，还真的有那么一点真实的成分在呢！因为真的有真实的成分在，用"是的，你是一个_____的人"来承接住，人反而可以因为着地而有了力量。

接下来，就是关键的 B2 这一句了。B1 所接住的是说着："是的，一部分的你真的是这样。"而 B2 要带着力量说的是："除了刚刚你不喜欢的那部分自己，你还有另一个部分是……"如果陪伴者真的懂，就有机会说出那另一部分的描述。那另一部分的描述，常常是对方很珍贵很美好的特质，是缺点之外的其他真的存在的好东西，可以是"坚强""聪慧""开朗、会哈哈笑""韧性十足""贴心温柔""热力四射""能享受音乐世界的美好""能尽情舞动身体""被喜欢时可以真心付出"……当我们可以一次次看见对方的另一部分——那些自我怀疑的相反边，并且说出来而且被听见——这时候，滋养就不再是梦幻的想象，而是实际的力量。

用以下的例子，来让这个句型更清晰一些：

A1："我是一个提不起劲又爱耍赖的人。"

B1："是的，你是一个提不起劲又爱耍赖的人。"

B2："是的，同时，我也看见你是一个关键时刻会醒来的人。"

A2："是的，同时，我也是一个关键时刻会醒起来的人。"

B3："是的，这两个都是你；同时可以拥有这两个，真好。"

A3："是的，这两个都是我；同时可以拥有这两个，真好。"

B4："是的，你比这两个部分大得多。"

A4："是的，我比这两个部分大得多。我接纳这样的我，并且深爱我自己。"

生活里，这个滋养并存句型，我用最多的地方就是我们家夫人身上。来一起看看下面这个真实的例子，来说说"滋养并存句型家用版"。

我和夫人在一起已经超过十二年了，回想起刚认识她的时候，她只有二十岁出头，那时她很常自怨自艾，带着一份不安全感说："你不知道啦，我是金玉其外，败絮其内，你真的认识了里面的我，就不会那么喜爱我了……"

我没有被她的话吓走，我心里想，谁不是！我心里想，我自己身上，有美好的部分，也有不堪的部分，何尝不是一样的呢！

缘分真的很奇妙，十几年前在高雄，我帮美国来的催眠训练师夏琳做催眠同步口译时，遇见当年二十四岁的她，我和她的工作是轮流帮催眠训练师做现场翻译。有一回星期日的傍晚已经下课了，一个心理师临时请夏琳帮忙做催眠治疗，一下子走到了很深的位置。那时，完成两整天现场口译工作的我，拉着行李正准备搭火车回新竹，而她也买好了机票，要搭一小时后的班机回台北。我在门边准备离开会场时，转头见她放下了行李箱，坐在心理师身旁帮忙夏琳做翻译，专心陪伴整个催眠历程。我心里震撼着，这是一颗多么好的心呀！多么善良啊！留下来帮忙翻译，就一定会错过即将起飞的班机，善良的她依然决定留下来帮忙。

这颗善良的心，是她；觉得自己败絮其内的，也是她。重点是，当她整个活在自我怀疑的世界时，只看得到、感觉得到败絮其内，没有办法移动视线感觉到自己有一颗良善的心。于是，在她身旁的我，在后来的十几年的岁月里，把握每个机会，说出这个也符合事实的另一个部分："是的，我看见你很担心自己败絮其内；是的，同时我也真的感觉到你有一颗善良温润的心；是的，这两个都是你，你真的比这两个多更多。"

关键的 B2："是的，同时，我也看见你是一个_____的人"，让自我怀疑的人有机会在难受的时候，也能因为陪伴者的眼光与喜爱，而看见自己的另一部分。这时候，因为陪伴者有质量地看见，资源就流动了起来。资源一流动，看见的难受，就有了不一样的颜色。

而今，我也依然用这个句型陪伴夫人。那天，夫人准备要带领工作坊，因为很看重，自我怀疑句型不知不觉又出现了："老公，我觉得事情太多，慌慌的，很怕来不及唉！"我深呼吸，用滋养并存句型回应她："是的，我看见你慌慌的，很担心来不及，是的，这是你；同时，我也看见你，是一个情感流动又能顺畅给爱的团体带领人；是的，这两个都是你，而你，比这两个还多更多。"

夫人深呼吸地收下，没说什么。

同时，我知道，因为我给出的这个滋养并存句型，她就没办法完整地待在自我怀疑的世界里了。一个人一旦没办法完整的自我怀疑，那么，自信心与累积出来的那些属于自己的力量，常常就悄悄地浮上来了。

于是，说不定，你也可以把握每一次机会，在身旁的人出现自我怀疑时，不跳过、不忽略、不假装、不粉饰，然后真实地说："是的，一部分的你，真的像你所说的，而我认识的你，还有另一个部分，是＿＿＿＿＿。"

/ "我不觉得是这样……" /

——例外句型练习

我成长的过程里，幸运地遇见了一位很照顾我的前辈——李华璋副教授。我们认识彼此那一年，我刚从美国念完硕士回来，在咨询辅导界还是个只懂皮毛的二十九岁小伙子，那时华璋已经在彰师大念博士班了。那一年，我们两个同时应征上交大咨询中心的兼任咨询师，华璋因为家在台中，来新竹需要一个落脚处，而我刚好住在新竹，于是就开始了一整年每个星期三彻夜长谈的美好经验。

对我来说，在那一段年轻岁月里，华璋亦师亦友的陪伴，带给我再珍贵不过的礼物了。我们常常从晚上十点开始，把两杯白开水放在餐桌上，就一直说话一直说话，印象中，我会说好多好多我接个案时的无法承受、教书时的不知所措、亲密关系里不知如何处理的情绪，当年我最常说的话是："为什么每次都做不好？我真的很糟糕……""为什么我那么容易就想撤退？""为什么我总是那么容易气起来又下不去？"

每当我出现这样自我怀疑的"为什么"句子时，华璋总是温和地听，然后不疾不徐地说："我不觉得是这样。"

每回说完"我不觉得是这样。"华璋总会转身去厨房倒杯水来喝。事隔多年我回想起来，突然懂了他转身倒水喝的原因：会不会他还不知道后面一句要接什么！而即使不知道后面一句要接什么，他都要先把这打断我自我怀疑循环的关键语词说出来："我不觉得是这样。"

倒完满满的一杯水，华璋会慢条斯理坐下来，然后完成这个句子："我不觉得是这样。你上次带压力纾解团体时，就有想出好点子突破困难啊！""我不觉得是这样。上上礼拜，你在校门口的那次冲突，就没有马上被激怒啊！"

于是，二十九岁那一年，因为这样一句又一句的"我不觉得是这样。""我不这么认为。"把我的自信心像砌砖头一样，一星期一星期地垫起来。现在回想起来，今天我可以活成现在的我，那年华璋兄不屈不挠地否定我每一个自我怀疑，真的是最大的功臣。

这几年，我发现有另一个句子的意境与影响，和"我不觉得是这样"很接近，是"你不只是这样"。当华璋说"我不觉得是这样"，否定的是"为什么我每次都那么容易气起来又下不去?"里头的"每次都"，否定的是每次、总是。这样的否定能传达的是：是的，这次你真的容易气起来下不去，同时，我认识的你，不只是这样，然后用心搜寻曾有过的记忆，寻找不只是这样的例外故事。这里的搜寻，是带着爱的愿意找寻，是因为有长时间的情感，所以拥有共同经验或曾经累积足够多的一个又一个不同时间点的故事。因为有例外，我们就无法像之前一样，如此轻易否定自己，把自己打了一个大叉叉、泼上整桶的黑墨汁。

因为有一个人，看不过去那么极致的自我怀疑，于是用心搜寻例外的故事，然后认真看着自我打击的眼睛说："我不觉得是这样……""我认识的你，不只是这样……"这样的爱，多来几回，我们就有机会好好健康地长大长好。

## 例外句型练习："我不觉得是这样……"

> 使用时机：很需要喜欢自己的时候
> 使用者状态：情感流动时
> 建议用量：视关系而定，越有革命情感，就可以用越多。

"我不觉得是这样"表面上是一个否定的句子，而骨子里，是多么有霸气的爱人句型啊！看见例外经验，并且说出来，这真的是带着智慧的给爱。二十九岁那年，华璋兄完整地把这个礼物交到了我手里，而之后的这十几年来，我没有停止过，持续用这样的句型去爱身边我带领的助人工作者，看着他们成长得越来越好，也越来越能给出智慧的爱。那天，我的学生辈咨询师巧巧写了一封信来给我，她认识我的时候也只有二十出头，现在已经是执业的咨询心理师了。信里这么写着：

亲爱的哈克：

昨天去见了一个孩子。谈话的过程里，她拿出笔记本，念出用英文书写记录着自己有多不好的话语："我常说谎、对长辈不够礼貌、不守校规……"叭啦叭啦停不下来。我看着眼前的这个孩子，说：

"我不这么认为。"

"我们来比赛，我来说说你的好，看看能不能超越你说你的不好。"

"你有美好的笑容，每回看见你，我都觉得很舒服；你有一双灵活的眼睛，直直的，可以看见人的灵魂深处；你的反思和觉察，证明你一个很有想法很有自主力的人；你很有能力，能在人际圈里，很快地让别人喜欢你。另外，我从来没有见过，有人用英文书写自己的缺点，还能大声的朗诵出来的!!"

这个孩子，听着听着，眼眶都湿了。

与这个孩子的互动，我看到了自己来自于你的眼光，真的信任生命正在经验的，同时看见她的美好之处。而她，看过了放在妈妈床头柜上的书《做自己，还是做罐头?》，对于自己正在走的路，有更多的探索与反思。

你给我的好东西，会一直传递下去的。

巧巧

这封电子邮件，被我珍藏在我的笔记本电脑里。当我心情低落，或者被质疑、被批评时，就会打开来看。然后提醒我自己："是的，我现在心情低落，同时，我不只是这样，我给后辈的好影响，正在传递着呢！"

所以，有一天，"你不只是这样"，会内化而成坚定的自我对话："是的，我不只是这样……"这一天来到的时候，内心的世界，就会拥有多彩的颜料，而黑色墨汁，就只待在真的很黑的那里而已，不跳过，也不渲染。于是，大树有绿意、湖水有深蓝、山棱线立体而清晰，而小溪终将歌唱，歌声里唱着，"不只，不只，真的不只是这样……"

除了"不只是这样"带来好的能量状态以外，我有一个经典的"涉水背包"小活动，也可以帮助我们集结资源，并且拥有好状态。之所以叫作"涉水背包"，是因为我们生活里总有突然来袭的挑战，像是要涉水过湍急的溪流一样。既然挑战随时可能会来，那何不在生活里，就准备好背包里的东西，迎接挑战呢！这个活动，就是拿来好好准备背包里属于自己的好资源的。这是一个适合找两个好朋友进行的小活动，需要的人就可以当主角，帮彼此准备为自己量身定做的背包内容物。

## 生活小练习——"涉水背包"原来我是如此美好！

步骤一

三人一组，每个人轮流当主角或选择一位最需要的人当主角。主角要拿出一到两张照片，照片里有着喜欢的自己，说说照片里的生命故事。请主角尽可能多说一些让听者可以身临其境的例子，说到听者都好像跟你一起在那里了。

步骤二

陪伴者可以自然的好奇主角的故事，也可以搭配下面这几个我私藏的火热推荐好问句来访问主角，让故事更说到里面去。

- 在这个故事里，你最喜欢自己做了什么？
- 这段经历里，如果有一个很棒的部分，一定要写在回忆录里，那会是什么？
- 最了解你的朋友，听了你的故事后，他会说从哪些地方看到了你的用心？
- 如果人生像一道汤，有时淡，有时酸，有时辣又咸，你会说这段经验为你的人生增添了什么独特的味道？
- 如果愚公移山的故事强调的是毅力，你会说这段故事你要强调的是什么？
- 这出戏演到现在，你会说主角在剧中表现最精彩的是什么地方？不管别人怎么想、怎么说，你自己最想跟自己说什么？
- 如果你这段经历要选一首歌来当主题曲，你会选哪一首？哪些歌词最能代表你的心情？

• 千年的神木，都是从一颗小种子长起的。你会说在这段经历中的你，是一棵什么样的树？种子是从几岁开始发芽的？（以上这几个很棒的问句，都挑选自黄锦敦老师与林祺堂老师设计的生命故事卡。）

步骤三

陪伴者协助主角找到隐喻。陪伴者说："闭上眼睛，在心里，看见这个样子的自己，看见表情、模样、声音，身旁的响应，说话的样子，有一份感觉从心里浮上来，对，对，这样的你，如果用一个隐喻，像是动物、植物、天气……来形容，你觉得会像什么？"

步骤四

澄清隐喻。陪伴者问："多说一点？多大？什么颜色？有背景吗？有声音吗？多说一点，让我们好像从你的心里看见一样！"

补充步骤

如果你手上有我研发的生涯卡、能力强项卡，那么在步骤一的部分，主角可以先把手中的能力强项卡、生涯卡，凭直觉交给其中一个伙伴。而在步骤二进行的过程中，陪伴的两个人，一个拿着生涯卡，一个拿着能力强项卡听，边听边把故事中听到主角有发挥的好能力、重视的生涯价值观挑出来，等主

角故事被访问完了，就可以把这些挑出来的牌卡推出来给主角
看到。推牌的同时，还可以说说在故事的哪里，听到主角发挥
这个能力、价值观。

# 3

第三部分

心暖了，爱就在了

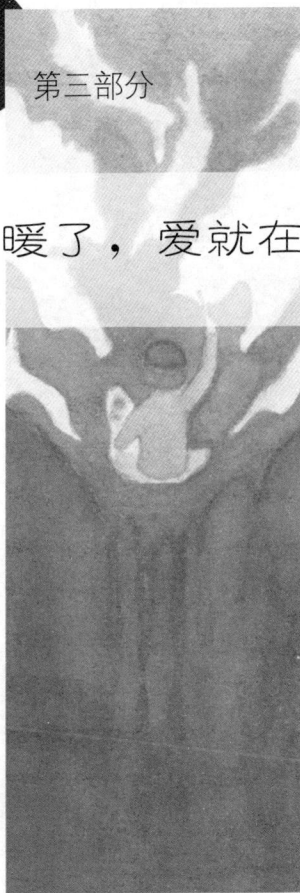

炎热的夏天，在台湾南部冷气很凉的百货公司里遇见了一个栽种台湾芒果的精致摊子，长方形的海报上有着让我驻足动容的八个字："种植幸福，以爱收割。"我拿起手机拍下画面，心想亲近关系的经营，不也像用心栽种果树一样吗？每一种果树，需要的营养素、阳光、水分都不一样，那亲近关系呢？

提出英雄之旅观点的神话大师坎贝尔说，他之所以能维系四十九年的婚姻，关键在于"让"。这里的让，不是让对方，而是让"婚姻"或"伴侣"这个关系。我清晨读书读到这一段，忍不住大口深呼吸了好几回。是啊，"让"真的是又珍贵又不容易。

坎贝尔说的"让"，不是让她、让他，是我愿意"让"这一份我"珍惜的关系"，是因为决定继续拥有这段关系，所以我愿意让。在这里，"我"依然有主体性，我依然有机会为自己发声，同时，因为珍惜我们的关系，我愿意"让"。所以，即使有一些委屈，有一些挤压到我的需求与坚持，我都依然愿意用你期待的方式，对你好。让，是一份愿意，是一份决定，也是一种能力。我的体会是，亲近关系里一旦出现了"让"，就有机会不那么争。

伴侣关系里，有一个很大的变量，叫作年纪。遇见的伴侣跟自己年纪相近、比自己小、比自己大，都会变得很不一样！我遇见夫人的那一年，我即将三十岁，而小我五岁多的夫人，当年才二十四岁。在那个年代里，五岁多的差距真的不小，我常常想，我上大学的时候，夫人才刚小学毕业，升上初中呢！

可能因为年纪有差，在伴侣关系的初期，大部分时候，是我在让。我们认识的前三年，每回吵架的冰封期，几乎都是我表达善意、先低头、先照顾她，深吸一口气把自己的需求摆在后头。还记得有一回，我们在地铁上因为一件小事吵了起来，好像是她在一家礼服店试衣服试了好久好久（对啦！是我觉得好久啦），我因而失去耐心，接着彼此就不高兴起来，于是在某个地铁站下了车，坐在路边那种公园里都会有的双人座椅子上，那是个细雨纷飞的冬天。椅子的空间并不大，但我们两个人的身体，却尽力挪到两端，硬是空出了中间一段二十八厘米的距离。

不说话了好一阵子，冷冷的细雨，不停飘落在我们越来越冷的身上与心上。冷了大约十分钟以后，我深吸一口气，决定要放下自己的难受，先照顾她，我开口了："我来照顾你，我来讲一个故事给你听。"于是，在细雨飘落的台北街头，人车来来往往的大马路旁，我说了这个一辈子都佩服自己的好故事。

　　午后，突然下起了大雨，溪里的水哗啦哗啦地奔流而下。小白兔孤单地站在湍急溪流中唯一的岩石上，大大的雨滴狠狠地打在小白兔的耳朵上、背上、尾巴上。石头的前面后面左边右边都是奔流而过的、冷冷的水……

　　小兔子心里想："大白兔呢？大白兔跑哪里去了？大白兔怎么没有来陪我？大白兔刚刚不是还在这里吗？"

　　对呀，平常都会陪着小白兔的那只大白兔呢？原来，大白兔在大雨中滑了一跤，被急流冲到下游去了。远远的远远的，被冲到下游的大白兔，既害怕又着急，心里最挂心的，却是孤单在岩石上的小白兔。大白兔赶紧找了一艘小船，拿起了船桨，用力地嘿咻、嘿咻往上游划去，嘿咻、嘿咻！大白兔努力往上划，水量很大的溪水往下冲，每往上划两步，溪水就把小船冲下三步，但是大白兔没有放弃，决定用之字形划法，先斜斜的往上往岸边划去，然后再转个方向，继续斜斜的往另一个岸边划去，嘿咻、嘿咻、嘿咻！大白兔不断涌出的大滴汗水，却隐身消失在一样是水的雨滴里……

　　划了大半天，好不容易远远地看见了岩石上的小白兔，大白兔继续努力划、努力划！然后，先请小青蛙跳跳跳跳跳过去，小青蛙问小白兔："小白兔，你怎么了？"还在气头上的小白兔只"哼！"了一声，理都不理小青蛙。小青蛙只好噗通一声，跳回水里去了①。

大白兔在大雨中，继续嘿咻、嘿咻、嘿咻努力往上划，终于靠近岩石，安稳地把小船停好。然后，用淋湿了的手，努力要把船上的木头座椅擦干，已经湿透了的木头座椅，其实是怎么用力擦，也擦不干的。大白兔不管，再努力多擦了两下，然后忐忑地抬起头，直直看进小白兔的眼睛说："上船来，好吗？我载你回家。"

台北地铁站前的两人座椅上，我听见二十八厘米距离外的她，轻轻吸了一口气说："好啦。"

好险好险，哈克这个现场即席创作的故事，在那个时候，有照顾到难受的心，也解救了细雨中已经超冷的身体。

事隔多年，我都还记得这个用心说出的"大白兔救小白兔"故事。我猜，夫人也一直没有忘记。这个故事，没有要说吵架到底谁对谁错，没有要争个是非黑白，只想尽力地好好照

---

① 为什么会突然冒出小青蛙这只两栖类呢？吵架时，情绪下不来是常态，这种时候，如果只有表达关爱与愿意退让，常常不足以让气头上的人释然。小青蛙这样的角色，安排在这里，不是为了跑龙套，是创造一个关键转折角色，隐喻治疗的专有名词叫作"炮灰"。能扮演炮灰角色的，一定不会是自我认同隐喻（像是小白兔是夫人的自我认同隐喻，而大白兔是我当年在亲近关系里的自我认同隐喻）。如果把自我认同隐喻拿来当炮灰，说故事的人，就会很受伤。听起来是不是挺有道理的？

顾难受的心。那几年，有时我会哀怨地抱怨说："为什么都要我划船去救你啊？"小我五岁多的她，总是很潇洒地说："因为我自己还没有船啊！"

有人这样回答的喔！

时光飞逝，几年过去了。有一回，夫人跟我分享她在实习的地方辅导几个适应辛苦的小学生的故事。我发现那几个小朋友被照顾得很好，可以被懂、被陪、也被爱，我突然很不平衡，在心里出现很大声但没有说出口的内心独白是："为什么你可以爱这些孩子？却不能好好疼我？"

十几年的咨询专业在这个关键时刻发挥得很好，我知道这时候，不要赌气，要赶紧引出伴侣的美好资源状态，所以，我吞下刚刚那句内心独白，温柔地问："这几个孩子被你懂、被你陪、被你爱，好好喔！我很好奇，如果你有一艘船，那这艘船有多大？长什么样子？是什么颜色的？"

夫人眼睛眨呀眨，在脑海里看见自己的小船，自然流动地说："是方形的，木头制的，是鹅黄色的，有四个座位。"

哈哈哈！太棒了，有四个座位！我心里欢呼不已，我的人生有救了！可能我心里的欢呼声太大声，被夫人细致的耳朵给听见了，她继续说："可是，那四个座位都很小，只能给小小只的兔子坐，大兔子坐进来，会翻船。"

有人这样的喔?！只能给小小兔坐，唉！我深呼吸安慰自己，至少已经有船了，再等等吧，反正都已经等那么多年了。

又过了一年，夫人研究所毕业展的那天晚上，我在电话里听着她说话，说着毕业表演里，她在全系的听众与家人面前，分享着自己创作的诗、加上那些记录自己蜕变历程的画作，再配上音乐与歌声，让好多好多人感动落泪……我听了很触动，随口说了一句："我猜，能创造这么多的感动，你的船，已经不是一艘小船了！"她深吸一口气说："对呀！我已经有一艘大大的游艇，上面有现场演奏的乐队，还有好多安静享受的乘客呢！"

真的，从这艘大游艇出现之后，我的好日子就来了。多年之后，终于终于被我等到了。在关系里，等待有时候似乎是必然的。等待他逐渐长大成熟，等待她读完研究所，等待他当完兵、过二十九岁，等待她有足够的力气与勇气搬出来住，等待他长成真的能负责任的男人……

如果真的很喜欢一个人，这个人也真的值得你等，那就用点方法继续爱，让自己可以多等久一点喽。

这个"小兔子的小方船"故事，发生在我们结婚前两年，而今结了婚，还生了两个小可爱。我把刚写完的这篇书稿给夫人看，夫人看到四只小小兔座椅的小方船那一段，情绪饱满地抬起头来说，那个小方船，不能给你坐，是因为你生起气来，根本就不是兔子，是一只大象！大象一进来小方船，哪里装得下！

喔……原来是这样喔！

## / 不放大痛苦来控制对方 /

"痛有多长，就叫多久。"针刺进去、真痛了，所以叫痛。针离开了、痛走了，就可以安静下来了。

这个故事发生在女儿一岁的时候。当时黄阿赧的人生历史里，只打过两支针，印象中小朋友打针都会鬼叫尖叫、死命嗷嗷叫。那天，在一家小儿科诊所里，我抱着小小的女儿，护士小姐熟练地擦了擦酒精消毒，一针刺下去，"哇啊！哇啊！哇啊！"三声哇之后瞬间停了！我忽然发现，女儿的哭声长度，正好是针刺进大腿的时间长度！

我想，这可能是意外吧。

隔一周，又要带女儿去大医院打卡介苗，旁边成群的小朋友依然死命鬼叫嗷嗷叫。我家的黄阿赧，保持一贯的作风，一针刺下去，"哇啊！哇啊！哇啊！"三声哇啊之后，依然瞬间停了，哇哇叫的声音长度，又正好等于针刺进手臂的时间长度。我迅速地用我天天打网球健壮的右手臂，一把抱起黄阿赧，快速起身走人，一边跟夫人说："赶快走，不要让黄阿赧学到鬼叫、嗷嗷叫!"

　　黄阿赖这个可爱真实的孩子，教导着我们，如何真实地活在这个时刻。我们大人，还有医院里哭声震天的孩子们，学会了"嗷嗷叫习惯"明明只有痛三秒，偏偏打针之前，就先怕怕怕，打之前就唉唉唉，打下去痛了之后，揉着棉花球时，还不忘多哭六毫升的眼泪。

　　为什么我们学会了这些？

　　因为我们从经验里学到，透过"嗷嗷叫习惯"可以得到照顾者更多的关爱与疼惜；于是为了得到爱、得到关注、为了感觉到联结，我们习惯延长或放大痛苦。

　　我自己，保有很多年这个"习惯性延长放大"的坏习惯。一直记得，我大学时期，只要一跟女朋友吵架，隔一两天就很容易感冒生病。一生病感冒不舒服、唉唉叫之后，当时分隔两地的女朋友就会搭车来探望我；或者，我会把身体的难受，像是腰酸背痛、睡不好，放得很大，把自己说得很可怜，所以伴侣就会赶来，照顾那个似乎落入痛苦深渊的我。哎呀！现在想起来，真是为自己捏了一把冷汗。不好好地在关系里觉察自己、理解对方，却用生病的唉唉叫来拉近另一半，激发对方的心疼来照顾原本心里难受的自己，这样的联结与亲近，真的挺不真实呢！

## 痛就痛，爽就爽

这个"习惯性延长"，我先后用在好几个伴侣身上。一直到结婚前，我做了一个决定，在某一天的清晨，我跟夫人说："我决定了，我不要再用唉唉叫、延长身体的难受，来得到你的爱了。"

为什么不用这一招了？因为偶尔用一次，很好用。但如果是长久的亲近关系，一次又一次地使用之后，伴侣会越来越没有耐心，然后出现这样的内在对话：

"唉哟，因为你都已经身体不舒服了，我只好照顾你。"
"为什么？"
"为什么每次我都不得不照顾你？"

一旦对方心里浮现这种不得不的心情，感觉到被伴侣的痛苦延长所控制、威胁，这么一来，关系的亲近因为不是建立在真实的联感上，就濒临危险了。另外，"习惯性延长"的另一个副作用是，当我们的痛苦长时间被习惯性地延长、放大，于是有一天，我们会这么说："我常常不快乐……"这里的常常两个字，有时候是人生真的很辛苦，有更多的时候，是因为我们习惯性地延长、放大了遇见的辛苦与难受。

那怎么办？

我们一起来跟黄阿赧小妹妹学习，学习一个不怎么熟悉，却也不太难的新习惯。这个新习惯，叫作"痛就痛，爽就爽"。

伤心了，就真的伤心，不假装没事，也不放大伤心；挫折了，就真的挫折，不以为没事，也不延长挫折。

有偷偷地窃喜，就真的低头窃喜，爽在心底！听到了开心的消息，就让脸上心上，一起欢欣鼓舞！

## / 我可以"不需要"无条件的爱 /

人，在关系里被响应需求而感到满足；人，也因为得不到需求的满足而在关系里受苦。在一场自己当学生的工作坊里，我听吉利根博士说过这样的新视角：当我们年纪很小的时候，特别是婴孩时期，真的需要无条件的爱；然而，长大成人以后，其实我们可以"不需要"无条件的爱。无条件的爱，在我们很小的时候的确很需要。肚子需要有人来喂饱，肌肤手脚需要有人碰触，发出呜呜呜呜不成调的声音时，需要有人响应。如果那么小的时候，身旁人给的爱是有条件的，例如像是：你要长得很可爱，我才要爱你、照顾你，那么我们就没有办法好好长大了。所以，无条件的爱，真的是小时候的我们，非常非常需要的！而现在，我们长大了，有没有可能其实我们"可以"不需要无条件的爱。

为什么？拥有无条件的爱，不是很好吗？

当然很好，只是很难拥有。当一个东西很难拥有，又强要，那就是辛苦的根源了。身边有不少朋友，包括我自己在内，真的都在长大成人以后，依然希冀一份无条件的爱可以存在，也因而持续受苦。像是这些我在咨询室里，持续会听见的呼喊："为什么他不能完整地爱这样的我？真实的我就是这样啊！"

"如果她一定要我改变，才爱我，那就不是真的爱我。"

"看着一直打电动的他，我真的爱不下去！但不是说爱应该是无条件的吗！我这样是不是没有真的爱他？那什么才是真爱？为什么我遇见的男生，不是爱打电动，就是泡夜店彻夜不归，要不然就是像木头、石头一样都属于头类？"

因为祈求伴侣给出一份无条件的爱，即使自己耍赖、做错事、没有做家事……都还是希望伴侣可以完整地爱我。这样童话式的期待，落空的概率，实在是太高、太高了！或者，换个方向，因为期待自己能给伴侣无条件的爱，但又真的给不出去，因而怀疑自己是不是因为不够好，所以无法给，或者怀疑自己并非遇见真爱。

## 负起责任，为自己注入爱

为什么"期待无条件的爱"落空的概率会很高？道理很简单，因为不只是伴侣给不了，我们自己对伴侣，常常也给不出这样无条件的爱啊！所以，如果慢慢长大以后，可以深呼吸做出一个人生的新决定："是的，从今天开始，我知道可以从身旁的人得到一些爱；同时，是的，我也可以给自己一些爱；于是，加起来，就有不少爱。"这个新的人生阶段的决定，会潜入你的潜意识，让关系慢慢不那么辛苦。

于是，准备好的时候，来深呼吸做一个新决定，决定接下来的人生，不需要无条件的爱，也负起责任为自己注入爱。这样的新决定当然不是一件容易的事，因为不容易，我们就需要为自己创造有力量的阶梯往上爬。我有两个为自己注入爱的小方法，也是往上爬的好阶梯，一个叫作"登山背包"，另一个是"成为这个城市的风景"。

## 登山背包

登山背包，是一个为自己收集"安静、专注"的好方法。人一旦够安静、能专注，为自己注入爱这件事，就不再那么难了。你可能也发现，登山背包和前面提到的涉水背包很相像，没错！登山背包就是涉水背包的自我对话版。

### 步骤一

拿出纸笔，或者习惯书写的计算机。邀请自己找到一个生命里，很安静或很专注的经验，然后开始把这个经验写下来，越清晰越立体越好。

### 步骤二

再多写一些，多说一些。在那个经验里，自己听见什么？

说了什么？看见了什么？体会了什么？感觉到什么？尽可能的，把故事说到如果有一个很好的读者正在读这个故事时，好像跟你一起在那里了。一边写，也可以一边用以下的问句更懂自己一些：

• 在这个故事里，我最喜欢自己做了什么或没做什么？这段经验里，如果有个很棒的部分，一定要写在回忆录里，那会是什么？

• 如果人生像一幅画，这段经验为我的人生增添了什么独特的颜色或画面？

• 如果这段好经验要选一首歌来当主题曲，我会选哪一首？哪些歌词最能代表我的心情？

步骤三

找到属于自己的隐喻。闭上眼睛，在心里，看见这个样子的自己，看见自己的表情、模样，听见自己的声音、身旁的声音，看见自己响应、说话的样子，有一份感觉从心里浮上来。对，对，这样的自己，像什么呢？

步骤四

更拥有这样的自己。继续闭上眼睛，让自己完完整整的，拥有这个画面、这个感觉、这个声音、这个颜色，好好地拥有这样的自己。

　　当困难、挑战、挣扎来了，如果我们准备好了属于自己的资源，就有机会不慌乱。如果，我们事先为自己准备一整桌丰盛自己生命的佳肴，登山背包里慎重用心地放入可以支撑的挂钩、可以温暖黑暗的火种、可以拉大视野的望远镜、可以安静下来的一本书，这样当关系里不得不发生的风雨来时，我们也带着准备可以迎向了。

　　透过登山背包的练习，我为自己累积了不少好资源。于是，生命里，我可以选择期待伴侣给我"无条件的爱"，也可以选择做一个新决定，只从伴侣那里要一点爱，然后努力奋起，负责给自己一些爱。我负责起自己生命基底的六十分，那么伴侣给的爱，就像是加分一样，会从六十分往上加。

## / 我可不可以是这个城市的风景? /

为什么亲近关系,很容易卡住?

因为,我和伴侣一定有地方不一样。即使只是一些不一样,但因为亲近关系距离很近,这个不一样的拉扯就会感觉好大、好大。既然因为不一样造成的拉扯几乎无可避免,那么,找到属于自己的方法、找回能量、拥有力气,就变得很关键。因为,有能量有力气,才能真的撑住,在被逼走之后,能再一次的重新回到关系里。

我自己找回力气的方法,叫作"我可不可以是这个城市的风景?"听起来有点奇怪,但我觉得挺好用。

五月的一个周末,女儿的幼儿园举办母亲节园游会,摊位上摆满了一个一个由妈妈们用心整理出的家里玩具来义卖。黄毛毛的小班老师——周老师,忙里忙外的,从八点多到十一点。太阳好大好大,周老师从头到尾都微笑着,弯弯的眼睛亲切极了!

周老师微笑的美丽表情，真是这个城市的风景。

一样在幼儿园，星期一的早晨我送两个小姐姐去幼儿园，刚好遇见升旗，小小可爱极了的小朋友们排排站。这是一个基督教的幼儿园，孩子们正在唱跳跟天主有关系的舞，好像是迷路的羊儿你在哪里……而我的眼睛，无法从一位年轻的老师身上移开，那是黄阿报上学期的实习老师——毛毛老师。毛毛老师站在队伍的最前面，面对着一整班的小朋友，毛毛老师非常陶醉地摇动着身体，还有搭配歌词的真实表情，带领着孩子们唱着歌、跳着舞，好看极了。我看过很多幼教老师带着孩子唱游，但我真的没看过像毛毛老师这样，自己如此投入享受地摇着唱着。我猜，如果我是毛毛老师班上的幼儿园学生，说不定也会变得喜欢唱歌、跳舞呢！

毛毛老师全身都在唱歌跳舞的样子，真是这个城市的风景。

有一回，搭火车去基隆，参加疼爱的学生的喜宴，车子经过七堵，上来一个又一个六七十岁的阿伯阿婶，每一个都有着登山背包、登山杖，每个人的登山鞋上，都沾满了泥巴，他们应该是清晨五六点，就来到这里的一座山，攀登上去，又走了下来吧！

他们登山鞋上的泥巴，真是这个城市的风景。

一场辅导研习里，我做了一次重复梦境的现场解梦示范，出来分享梦境当主角的老师很带种，说了年少岁月深刻的梦，一个半小时大风大雨的示范过后，场子里泪水奔流。主角流泪，旁边学习着的六十位老师们也擦拭着自己的泪水。做完示范，我坐在离桌子十米的距离，静静地看着一位一位老师排着队，跟主角分享着自己的触动，然后一个一个掉着眼泪谢谢主角、彼此拥抱……而我，安静地凝视着，然后也静静地流着感动和喜悦的泪水。

生命可以这样拥抱，可以这样靠近，真是这个城市的风景。

星期二的早晨，我载夫人和好朋友阿佩，一起来到台中巷弄里的一家精致咖啡馆。我的摄影师好友敏菊，正在这里为盲校的孩子募款，美好的摄影作品印成了精致的明信片，在咖啡厅里义卖着。敏菊看到我们来，热心地、细细地，跟我们说着她被盲校感动的过程，拉着我们的手，在咖啡厅里这里说说，那里说说。一个八年前帮我们夫妻拍婚纱照的摄影师，可以这样热腾腾地活着，把自己热爱的摄影作品，变成行动，付出力量！这，真是这个城市的风景。

回想起在周志建老师的场子里，我应邀去分享故事。回程，因为要赶最后一班高铁回台中，一位好朋友，帮我们提着重重的行李，在台北街头火速狂奔，跑跑跑跑，跑跑跑跑，跑上地铁，后来搭上高铁。

那男子提着行李、充满力量的手臂，与奔跑热情的心，真是这个城市的风景。

可不可以，我也是这个城市的风景？

可不可以，我也这样投入生动地活着，真的成为这个城市的风景，然后，有人驻足，有人想拿起相机拍下这个刹那！如果一天天真的这样活，会不会有一天，忧郁就没有空来找我们了？

有停留地凝视，就拥有看见风景的眼神。

有专注地投入，就有机会活成这个城市的风景。

## 关系卡死时，何不来练练肌肉？

要怎么样才能活成这个城市的风景？投入去活、投入去爱、投入去给、投入去观看，都是关键。与其在困住的亲近关系里卑微无力地活着，不如想办法专注投入去活出一个吸引人的样子！让黯淡已久的自己，散发伴侣不一定看得见、路人却会被你吸引而停留目光的时刻。这样是不是很酷呢？

我球场上的忘年之交阿升有一句挺白痴的名言：

"阿升，你觉得什么时候适合健身？"

"情伤的时候最适合。"

"为什么？"

"与其哀怨度日，不如努力健身。把暌违已久的六块腹肌练出来、或者把两边的屁股练到可以塞回内裤里，吸引下一个或下两个好了！所以，什么时候适合健身？情伤的时候、关系卡死的时候，都超适合的！"

阿升的话，听起来是不是很有道理？还记得前面写到的关于长颈鹿、斑马、小兔子、狮子吗？如果六块腹肌练出来了，屁股也成形了，那么会不会你的动物类型也悄悄地升级了，像是从鸭子变成凤头苍鹰?!

试试看，在平凡又忙碌的生活里，从关系的困境里暂时走出来，因为投入地活，而重新拿回属于自己的力气，然后挺起胸膛回到关系，继续努力；或者，挺起胸膛，离开这段关系，迎向下一段人生的新可能。

重来一次，不只是弥补，更是愿意的勇气

## / 亲爱的爸爸，我要谢谢你 /

——因为都说了，所以就不怕了

几年前的一个下午，接到母亲从大甲打来的电话，说爸爸心肌梗死在急诊。我和夫人匆忙地带着很大的担心赶回大甲老家，还好老天爷保佑，父亲渡过了危机，一个月之后，装了三根支架，血管恢复畅通。

那之后，其实只要天气一冷，我就会担心父亲的身体。不想只是担心，于是我在一个安静的夜晚，写了一封信，隔天贴上邮票寄给了大甲的父亲。写了，寄出去了，爸爸读了，我们之间，就真的有一份父子关系"完成了"的感觉。因为完成了，遗憾就少多了。

这封信，是这样写的：

亲爱的爸爸，我要谢谢你！

谢谢你把我生下来，把我养得这么好。

亲爱的爸爸，自从去年你心肌梗死，后来心脏血管装了支架，只要天气一冷，我就担心了起来。担心的是，你会不会什么时候就突然走了。

亲爱的爸爸，我要谢谢你！

谢谢你在我四五岁的时候，在大甲家里走廊上，陪我玩传接球。我猜，是你买了第一个棒球手套给我；我猜，我们用的，是你打软式网球的球。我依稀记得，你总是丢球给我，然后我接住。我猜，你会在我接住时，说："诶，接得好。"好像还没跟你说过，我喜欢和你一起丢球、接球。

亲爱的爸爸，我要谢谢你！

谢谢你在我五六岁的时候，骑着摩托车，带我从大甲骑到大安海边，看你钓鱼。回程时，我猜我常常会睡着，你总是记得把我叫醒，以免我从摩托车上掉下来。好像还没跟你说过，我喜欢和你一起去钓鱼。

亲爱的爸爸，我要谢谢你！

我很喜欢早晨跟你去买豆浆。我记得你骑摩托车载我去大大的豆腐店买豆浆，我负责拿着大大的茶壶，里面装满了豆浆，还要在盖子和壶嘴套上塑料袋，用橡皮筋绑紧，免得豆浆一路上溅出来。六七岁的我，手细细的，可是很有力气，可以一路上提着重重的豆浆回来给全家人喝。好像还没跟你说过，我喜欢和你一起去买豆浆。

亲爱的爸爸，我要谢谢你！

我成长过程里，你常常因为胃溃疡身体不舒服，我看到的你，常常是躺在一楼的床上休息；初中时，有一次我喜欢的女生打电话来找我，电话被你接到，我猜你很担心我因为谈恋爱而影响成绩，因此把我叫到床前，很有耐心地跟我说了一番道理。我要谢谢你，那样护着我，期许着我好好读书、有好的前途。好像还没跟你说过，后来她嫁给一位军官，还当了法语系的系主任。

亲爱的爸爸，我要谢谢你！

青少年时期的我，很瘦很瘦，长得实在不起眼。初中时期开始喜欢听国语歌曲，我记得你带我去夜市，买那时候很流行，但好像不是正版的合辑录音带。那一卷录音带里面有罗大佑的《现象七十二变》，还有林慧萍的《戒痕》，这卷录音带，是我一辈子最爱的录音带。我在家里上下楼梯时，常常会唱歌唱得很大声，还会大声哈哈笑。我要谢谢你的是，你从来不会嫌我吵，你总会说："哎呀，能这样大声唱歌大声笑，很健康！"好像没有跟你说过，是你这样的态度，让你的孩子，在咨询治疗的领域里，真的能流泪，也有正向的大声哈哈笑的好能量，带给好多人很深的感动与欢笑。

亲爱的爸爸，我要谢谢你！

高中时期，我离家去念高中。我很想家，常常周末就搭火车回大甲，每一回你总是坐在客厅的大藤椅上，我一进门，你就说："辛苦了。"我知道你在鼓励我，知道我在异乡努力读书，你用温馨的言语勉励我。写到这里，我突然理解，你不是没事坐在那个大藤椅上的；你是算好时间，等在那里，等着儿子回家的。好像还没跟你说过，是你那句"辛苦了"，让我真的拼命苦读，考上大学。

亲爱的爸爸，我要谢谢你！

刚入职场那几年，从小没什么历练的我，伤痕累累，有一回我很痛苦，想辞去大家都觉得理想的工作。大家都反对，我记得回到家，向你说着难受与挣扎，你看着我，温和地说："只要对你的身心健康有帮助，就辞职吧。"好像还没跟你说过，是你的支持，让我安心走向现在灿烂丰富的人生。

亲爱的爸爸，我要谢谢你！

三十一岁那一年，第一次带李泓回家给你和妈妈看，你带着李泓在菜园里，考考她认不认识你种的青菜。我离开大甲回到台中，听到电话留言机里传来的信息，妈妈兴奋地说："你爸爸说可以娶回家了啦！"结婚以后有一次，要从大甲离开，你坐在客厅那个你专属的大藤椅上，跟李泓说："士钧就请你多照顾了。"好像还没跟你说过，我很感动你这样说，我都这么大了，你还拜托我的夫人照顾我。亲爱的爸爸，对你的感谢，当真说不完。

亲爱的爸爸，谢谢你把我生下来，让我拥有这么美好的人生。我愿意用心行善，照顾款待来到我面前需要帮助的人，希望正向的好能量，能帮助你好好健康地活着，看着可爱孙女逐渐长大，看着你的儿子真的成为一个很好很好的人。

## / 心暖了，家就在了 /

有一回，在心理成长工作坊里，我带着感触说了这句话："心暖了，家就在了。"话一落，听者的眼泪竟然成串地落下。

很多朋友，在接近结婚、接近需要确定感情、接近正要建立一个家的时候，都有一整组不知道从何而来的害怕：害怕自己没办法拥有一个好的家，害怕自己没有能力生养可爱的孩子，害怕自己有一天会对身边的伴侣失去兴趣、失去热情、失去感情。"心暖了，家就在了"这句话，是一份真心的礼物，我很想送给这些因为真实面对自己而会害怕的朋友们。对于挣扎于温饱与挨饿边缘的辛苦朋友们，"心暖了，家就在了"这句话要微调一下："心暖了，家就多像一点家了。"

我们都曾经在自己的家里受伤，说过星期天要带你去动物园的父亲，因为工作忙没能带你去，是受伤；刚和父亲吵完架气冲冲的母亲，没来由地骂了你和妹妹，也是受伤。因为这些伤，我们默默立誓，长大以后，要建造属于自己美好的家；我们立誓，绝对不让自己的孩子像自己当年那样受伤，一定要找个好人建立一个美好的家。于是，带着美好勾勒的样貌，成了家。

不巧的是，成家以后的星期天，原想和女儿共度美好周末，却天还没亮就已外出工作；不巧的是，晚上累垮垮回到家，很容易和伴侣吵架，一不小心，有时孩子都会无辜受骂。勾勒的美好样貌，有时候看来看去，怎么只有薄弱的边框，怎么都填不满里头的颜色。

"心暖了，家就在了"说的是：**暖自己的心，是成家的第一步，是拥有一个家的核心能力。**我们会累、会挫折、会厌烦、会想把对方推开，所以，当我累了、挫折了、厌烦想推开对方时，我直接开口说："夫人，我的内在空间很小。"然后，开始行动，暖自己的心。

没有内在空间的时候，我会走到家里的后阳台，摸摸我种的九层塔、揉揉薄荷叶、松松迷迭香的土，让晚上的凉风吹吹我很多烦恼的头、常常撑着的脖子……然后问自己："我还可以怎么暖自己的心？"想到了，然后就去做。

有时候，我打开计算机里"小妞妞们"的文件夹，看这几年来女儿们的照片和影片，看她们一路长大的样子。常常看着看着，那僵硬绷紧的脸就柔软了起来，当肌肉柔软下来，心就暖了一点点，心暖了一点，再回到客厅，那些本来没办法做的家事，就多了一些甘愿来做；原本想说却找不到言语表达的感觉，又多了一些流动的可能。

进入婚姻一转眼也快十年了，我这阵子有个新的体会：进入婚姻之后，要知道，我对伴侣的爱会消失，伴侣对我的爱，也会消失。因为疲累、燥烦，我们没有内在空间拥有爱，于是，爱真的会消失。只是，我们可以学会"暖心"，于是，爱的消失，好险可以只是暂时，而当心暖起来之前、消失的爱还没有回来之前，还无法用流动的爱去爱对方时，要记得的是，依然可以有一份心去照顾伴侣。

这里的关键是：**流动充沛的爱，是涌出的，无法预测与控制**。于是，当没有流动的爱可以给的时候，记得依然可以有一份心去给出照顾。照顾是一份心意、一份愿意。有心意、有愿意，就可以直接行动。而爱，是一种状态，状态无法强求。

当伴侣对我们没有流动的爱时，深吸一口气，知道这是长期亲近关系的必然，这是爱的本质之一。知道必然，还是会不爽，不爽怎么办？买盆喜欢的盆栽吧！像我的好朋友一样，卯起来去健身房练出辣妈的身材吧！像我亲爱的岳母一样，去大安森林公园跟每个植物、动物大声说早安吧！像我女儿一样，大口大口吃下美味巧克力！像我的好朋友锦敦、宝如一样，背起行囊，旅行在异乡的街道、徒步到没有底的森林深处。这些，都是想尽办法暖自己的心。

## 三口井，暖我的心

身为心理咨询工作者，常常听到一种似乎无解的痛楚：

"我老公都忙着看股票、玩在线游戏，都不关心我！"

"我女朋友喜欢跟姐妹淘一起逛街，我是不是吸引力不够啊？"

"我男朋友常常听不懂我的心事，每次都急着要帮我解决问题！"

这些朋友，说的都是真实的难受，也都很难有什么"快速解"。伴侣关系里，当需要不能得到"完整"响应时，是很折磨的。如果我们把自己大部分的需求，都放在期望另一半的身上，这样的情形，就像是整个大村子只有一口井。万一那口唯一的井干枯了，那就惨了。

只要谈过恋爱的人都知道，伴侣这口井，超容易干涸的。生日礼物送错了，期望落差太大，干涸；想要多一点自由，却被绑住，干涸；感冒来袭，喉咙痛如刀割，干涸；孩子生病了，太太瞬间就只是一个妈妈了，干涸；股票市场利空来袭，先生瞬间就只是一个看着计算机屏幕的笨蛋，干涸。因为伴侣这口井，太容易干枯了，因此，我们更需要经营另外两口井。或者说，"甘愿"好好经营另外两口井，是成年以后的重要功课。

对我来说，第二口井是：好朋友的关系。拥有好的朋友关系，说起来简单，做起来并不容易。小的时候，我们在意自己可不可爱；年轻的时候，我们烦恼自己是不是受欢迎；年纪越来越长，我们开始担忧自己是不是成为别人的负担，担心别人承受不了。

几年前，帮一本书写了推荐序，书里作者提到一个很好的见解，她说：人老了，特别是老伴走了以后，有几个能力特别重要，像是发动与人建立关系的能力、说笑话让身边的人开心的能力、给出一个温馨的微笑温暖身边的人、单纯真心地关心问候人……这些能力，其实说穿了，就是交朋友的能力。

我很喜欢的一件事是 7-11 和星巴克常常推出第二杯半价或者买一送一的活动，因此，我就可以常常想，那第二杯我要请谁喝呢？于是，之前每个月都要去南部带工作坊，好朋友宝如常常会在一起去搭高铁之前接到我的电话，我问她："你要喝什么？今天星巴克是买一送一喔！"请朋友吃东西、喝饮料，是我可以想象到最简单对人好的事。请朋友吃吃喝喝，不是慷慨而已，而是情谊的流动，可以真实地让朋友知道，我想着你、我心里放着你。所以，主动去联系朋友、主动移动位置去到那里和朋友吃顿饭、聊聊天，就有机会拥有一份情感的联结。这样的能力与习惯，千千万万不要等老了没人理了，才开始培养，那会有点晚喔！

写到这里，突然想起了身边朋友们都很爱的人，我的忘年之交雷爸。雷爸是一个非常愿意付出的人，有情有爱有行动。记得黄阿赧小妹妹出生的时候，我们还住在后阳台旧居，没有电梯的五楼。雷爸知道黄阿赧小妹妹因为皮肤敏感，只能用日本进口的纸尿布，特别去大卖场买了一大箱的尿布，快六十岁的人了，直接扛上五楼给我们。女儿转眼都六岁了，我却一直都没忘记六年前雷爸扛着尿布卖力走上五楼来的那一幕。经营第二口井，关键无他，就是："对人真心的好，并且有直接的行动。"

第三口井，对我来说，是找到可以投入的领域、专长或兴趣。

因为伴侣关系会卡住，是必然。伴侣关系卡住了，却难以脱困，是常态。在这样的必然与常态里，关键并不是找到一个理想完美伴侣，而是，要拥有流动的好能量。好能量怎么来？可以靠第二口井里，朋友的滋润或亲情的温馨。更可靠的，是第三口井，因为我正投入地做着我享受的事，所以我不卡死。

雷爸是情感型的人，只要付出情感就会快乐，他退伍后，除了在台中当督导以外，这两年还去帮忙"老朋友专线"，主动打电话出去关心那些需要帮忙的老人家。即使两个孩子都长大独立了，雷爸一点都不闲，天天忙得开开心心。

而我自己，最热爱带工作坊了，只要一段时间没带工作坊，就会唉唉叫、不高兴。一让我拿起麦克风，带咨询训练工作坊，专注地做现场治疗示范，我整个人都会活起来，然后，回到了家，就会能量流动、有爱有力气。

于是，我们对自己承诺，把眼睛从卡死的伴侣关系移走，好好经营第二口井，对朋友好，对家人好；用心投入第三口井，做那些自己享受投入的事，然后，能量充沛地回到伴侣关系中，灌溉第一口井，一起喝甘甜的水。

## / 刚刚好的自责分 /

做心理治疗十几年的岁月里，在个案咨询室里、在工作坊里，我发现有一个东西特别难提供真的帮助，这个东西叫作"自责"。跟"自责"是好姐妹的，有"遗憾""内疚""如果……"

　　"如果我那时候没有……就好了……"
　　"如果那时候，我……，事情就不会发生了……"

爷爷走的时候，我有一份自责。那天是"9·21大地震"，地震前的下午我回苗栗探望已经九十几岁、生命走到将尽时刻的爷爷。那时候，因为博士班要开学了，所以看了爷爷一会儿之后，又开车回学校整理宿舍准备开学。就在那天的半夜地震来了，学校停课了，我又开车载我的爸爸回爷爷家。回到爷爷家时，因为来回奔波加上地震时的喘气逃难，身体好累了，所以就上二楼睡觉。三四小时之后醒来，妈妈跟我说："刚刚，爷爷走了……"唉，一份遗憾瞬间浮上来……我不应该去睡的，我刚刚应该陪在爷爷身边的。

爷爷走了以后，有一阵子我也有另一个自责。爷爷的最后那两年，是无法言语的，那时候二十几岁的我，不知道要怎么跟这样的爷爷说话，可能，也不忍心直视这样的爷爷，所以我总是回到苗栗，用客家话叫一声："阿公！阿司滚来看你喽。"（爷爷，士钧来看你了）然后，就不知道怎么样跟爷爷说话了。爷爷走了以后，我会怪自己："那时候，为什么不跟爷爷多说说话？爷爷从小那么疼我的！"

> 自责，悄悄地，不知不觉地来；
> 内疚，默默地，跟着心底的叹气来。

是的，自责内疚真的在，同时，我也想起爷爷八十九岁的那一年，那一次我和我的小堂妹在分不出白天黑夜的加护病房里照顾着爷爷，小堂妹拿着热毛巾，帮爷爷擦脸，而我在床尾帮爷爷剪指甲。我手里拿着的指甲剪小小的，爷爷的指甲硬硬大大的，我细心地一个一个脚趾头剪着。我还记得，爷爷躺在床上，打了一个好大好大的哈欠，我猜，那时候的爷爷，高兴孙子孙女照顾着他。那是我最后一次看爷爷打呵欠了，还好……还好……还好那天，那个时候，我有帮爷爷剪指甲……

脑海里，又想起爷爷八十八岁那一年，虽然爷爷已经说话很困难了，我那些活得很精彩的叔叔姑姑伯伯们，很喜欢在老家客厅里，围绕着爷爷说往事。那时候的我，带着小型的随身听，录下了一个又一个关于爷爷的好故事。其中一个爷爷的温馨故事是这样的："乡下有个失去丈夫的妇人带着嗷嗷待哺的幼儿，来家里请爷爷帮忙。爷爷想说如果给钱帮忙也只能帮得了一时，于是对着妇人说：'我帮你买一对羊，可以有羊奶卖钱，以后也可以生小羊。'妇人鞠躬感恩地离去。于是，在我们儿孙辈长大的过程里，总会有一个妇人在中元节前，带着新鲜的羊肉来爷爷家，我们一群孙子总是开心地喝着难得的羊肉汤……"还好，还好那时候，我有带着录音机，录下关于爷爷的好故事，也把爷爷的好心，努力地在我的生命里继续的活着。

人生，你有几个"如果那时候……"

人生，你有几个"还好，那时候我有……"

## 若要补过，莫非行善

刚出道时，在咨询室里我常常较劲起来，想要教会眼前的人不要自责，因为我认为自责对心理健康一点帮助也没有。可是，自责不是说要它走就会走的。累积十年的专业与生命经验之后，我开始发展出一个视野，关于"如果……"（自责）与"还好……"（庆幸）的并存。我发现，人活着，很难没有自责，既然很难没有，那么，不如就来接纳这个真真实实的自责吧！

　　只是，有很多自责，超过了真实，因而负了太多不是由我来负的责。于是，目标不再是去掉自责，而是，拥有真实的责任，如实的自责。在棒球的术语里，有一个名词，叫作"自责分"。自责分的定义是：投手应负责的失分，投手因为安打、四坏球、触身球、暴投等情况而失分时，都记为投手自责分。而在投球过程中，因为守备失误、捕手捕逸、别人失误漏接所造成的失分时，不算自责分。放到人生的旅程上，"刚刚好的自责分"可以让我们真实又健康地活着。

　　如果这个人生事件，我真的有自责分，那就真的负起责任吧。如果这个生命事件，真的有不少是因为"别人失误漏接所造成的失分"那么，把该还的，还回去。然后，如实的自责，拥有真正的自责分。

　　有朋友读到这里，会问："然后呢？"

　　生命的河流，不会重来，也无法重来，"如实的自责之后，又怎样？"

　　我年轻的时候，心里的慌乱太多，因而在亲密关系里犯了很多的错，对于曾经真心相待的女生，造成不少不小的伤害，有一段日子，我也常掉入自责的深井里，直到有一天夜里读金庸的《天龙八部》，读到一句话，顿时撼动！

　　"若要补过，莫非行善。"

短短八个字，撼动着我。从那天开始，我跟自己说，与其一直自责，不如在可以的时候，就来行善吧！陪伴因感情受挫而挣扎着要转学的学生，是行善；帮要推荐的大四学生写封诚挚又有力量的推荐信，是行善；写篇让大家活得更好的文章，说不定也是行善；号召专业上的朋友来为台湾这个岛屿一起付出，也可以是行善。如果，如果真的有过错，就来如实的自责，然后一步一脚印来行善。

## 遗憾少一点，还是犯错少一点？

和自责很接近的，有一个相似的情绪，叫作"遗憾"。自责，常常是单一事件，而遗憾，是一种带着生命长度的后悔。人活着，好像很难没有遗憾、很难没有后悔，我猜想人一辈子活到后来，最怕面对的就是，遗憾后悔。

后悔，常常是在几年的岁月之后，后悔之前的岁月，没胆做很想尝试的事。于是说不定活到八十岁那年，会有这些曾经的后悔：

后悔二十五岁那年，没有偷偷尝尝烟熏的快感，因为怕被骂。

后悔二十二岁大学毕业前，没有跟那个偷偷爱恋的高中女孩表白，因为好像不可以。

后悔三十五岁那年，不敢离开收入丰富又稳定的职位，因为怕自己的梦想太不实际。

人活着，如果要成就所谓的"没有犯错"，似乎就注定拥有一个又一个的大大小小的遗憾。但是，如果真实面对自己的需求、面对狂卷而来的情欲，带来的又是伤害与犯错，于是，如果让那双挑逗我的双眼进入我的生命，我会伤了家人；于是，如果我偷偷在那个夜晚享受腾云驾雾的晕眩，我会有接下来的失去。那么，选择不真实的面对情欲，隐忍存活，迎接的就是怀里小心抱着不为人知的遗憾。

"行得正的人"，心里抱着遗憾，像叮叮当当的小弹珠，很难数得清的；而"那乱来的人"，被骂得满头包，可是到老临死，说不定遗憾真的很少。所以呀，我有时候真的挺羡慕那些"有时候会乱来的人"。

于是，我们会听见周遭充满了很大声的："不要上瘾""不要出轨""不要好高骛远、不要沉溺于梦想……"这些让我们不犯错的规条，保护着我们，保护我们平凡无奇地活着。为什么要用规条来限制我们自己？如果这不是自然会发生的事情，就不需要规条来限制了，所以既然要规条来限制，底层说不定就是人真真实实的欲求与渴望。

一旦离开轨道、偷尝、偷吃、偷……被冠上"错误""坏人"的帽子，同时，可能也伤害了自己，也可能伤害了身边的人。在真实的人生里，有两个端点，左边的端点是：如果真的响应了自己的真实欲求，可能会带来错误与伤害；右边的端点是：如果隐忍自己的真实欲求，很有可能需要怀抱经年累月的后悔与遗憾。于是我问自己："是不是犯错少的人，遗憾会变多；而那些犯错多的人，遗憾就少了一些？"

犯错，其实就是违反了规则，或是离开了常轨。我给了离开常轨一个新的名词，叫作"冒险"。有些人在关系里持续勇猛地冒险，有些人去高空弹跳、骑脚踏车去西藏，有些人在股市里拿存了好久才存到的钱大把大把地冒险，有些人在商场里开发没人听说的新产品出奇兵冒险……我们都偷偷地把真实的渴望与欲望，在不同的地方寻找出口。

遗憾、犯错、冒险，我都有。

是的，我有遗憾，我也犯错，我也很爱冒险。于是，有时候我犯小小的错，然后有时候闭起眼睛带着遗憾，然后好好活着。于是，当我看着别人因为犯错而少了遗憾，我不去咒骂那个错，我知道那里有某个释放或完成；于是，看着别人为了不犯错而把持住自己，同时心里又多了一份遗憾，我知道我懂那个感受。

## / 爱你，不是讨好，是在安顿我的心 /

有一阵子，觉得死亡好靠近。担心天冷，担心父亲心脏装的三根支架，担心母亲身体检查的结果，有时候也会担心自己的身体……因为觉得死亡如此靠近，决定好好来面对死亡。那天，刚好有个机会去好朋友小瓜呆的新家做客，夜里，说着自己对可能来临的死亡的种种念头，小瓜呆一如大学时在我生命中扮演智者的角色，竟然转身进了书房，拿了一本近乎文言文的"古书"给我，翻到其中一个章节，他说："看看这个……"

人生得此好友，真是珍贵。这本书是钱穆的作品《人生十论》。我拿起这本书，就真的坐在小瓜呆家里的客厅读了起来，接下来几天，我随身带着这本书，搭太鲁阁号去花莲带训练时，读着、想着，搭飞机去香港带工作坊时，也细细阅读、品尝着味道。读着读着，我猜，读懂了一些珍贵的智能。

钱穆这么说："人当于此一死限未临之前，而先有其完成。故人当求其随时可死。"这句话，如当头棒喝，活了四十几年，我一直都很怕死。我的力气，常常都用在害怕死亡上头。钱穆

的这句话，让我发现，我如果够有智慧，就得开始把力气，从
"害怕死亡但又不能怎样"，移动到"随时随地准备好可以死"。

关键是：如何可以随时随地准备好可以死？

钱穆提供了很重要的路径："君子时时尽其职责，人生随
时完成，所以不怕死。"怎么样可以尽其职责，怎么样可以随
时完成呢？钱穆提到的路径里，我觉得最能够落实在日常生活
里的，是"父慈子孝"。父慈子孝这四个字，我们从小听到大，
甚至，不少人一听到这四个字，就会皱起眉头，觉得很八股，
很老套，很道德劝说……可是，当我仔细理解钱穆的想法，就
觉得真是太有道理了！

如果因为事业繁忙，而错过和孩子亲近的机会，用钱穆的
概念来说，就是没有真的把当父亲或当母亲的慈爱，好好地传
递给自己的孩子。这时，遗憾就很深，即使事业经营得很完
美，人生却没有一种完成感。反过来说，当我们真的做到父慈
子孝，当爸爸妈妈的，好好陪孩子玩、做饭给孩子吃、让儿子
女儿在爸爸妈妈的身上滚来滚去，甚至在臂弯里安睡。这时父
亲母亲的慈爱，是那么完整地传递给了孩子；父亲母亲的心，
就好好安放在孩子的心上了。

所以，钱穆说："人心不能尽向神，尽向神，不是一好安
放。人心不能尽向物，尽向物，也不是个好安放……孔子教人
心安放在人心里……他教各个人的心，走向别人的心里找安
顿，找归宿。父的心，走向子的心里成为慈，子的心，走向父

的心里成为孝。"

这段话，我在往花莲的摇摆列车太鲁阁号上，拿着书，摇头晃脑地念了一遍又一遍，真的是读出了滋味来了！是呀，真的是这样，我没有基督信仰，也没有深刻的佛家修养，所以我真的没办法从神的世界里超脱生死。我的心，无法在神的心里完全安放。是呀！经济收入逐渐顺畅，物质的满足越来越丰富，却没有带给我的生命多一点的不怕死亡。

但是，当我写了《亲爱的爸爸，我要谢谢你》那封信，而且信真的寄了出去，父亲在大甲老家，也真的收到我的信。而我，在寄出信的那一天，跟夫人说："写了这封信，想跟爸爸说的感谢都说了，好像就没什么遗憾了。"因为说出了感谢，给出了一份孩子对爸爸的孝，所以我的心，就安顿在父亲的心里了。因为有这样的安顿，一份重要的东西就完成了。因此，就可以多一些些的"准备好随时随地可以死"。

## 讨好 VS. 安顿我的心

钱穆的这个观点，和美国心理治疗大师威廉·戈拉瑟（William Glasser）很相似。戈拉瑟认为，一个人如果没办法跟人建立亲近的关系，心理健康出状况的概率会很高。亲近关系，可以包括朋友、伴侣、家人。从这个观点来看，一个人如果好好经营亲近关系，可以让自己更健康快乐。用钱穆的哲理来说，不就正好是："各个人的心，走向别人的心里找安顿，找归宿。"

哎呀！如果是这样，那就要好好来检视一下或者重新看待"讨好"，这个被助人工作者长期关注的沟通姿态。助人工作者对于个案的"讨好"，常常很敏感。于是，个案常常在对伴侣好的时候，会很焦虑地问咨询师说："我这样会不会太讨好了？"这是一个非常北美心理学的观念，但是，可能影响我们真的太大了。父慈子孝，哪里能够没有讨好？那些让我们动容的孝顺或尽力给爱的故事，哪一个不是把自己的需求放后面，然后尽全力地，让父亲母亲或孩子得到照顾得到爱？可是，子因为给出了孝，所以心安顿了；父因为慈爱传递了，所以生命的某一部分完成了。这真的不是西方心理学里单薄的"讨好"两个字可以理解的吧！

写到这里，其实心里很震撼，也很汗颜。这么多年来，在助人专业里，提醒了多少来求助的人，要小心喔！不要太讨好，而失去自己喔！这个提醒出现的时刻，我是不是也阻拦了，一颗心原本可以好好安放在另一颗心上的美好之可能？

于是，我们一起来好好看看"讨好"和"安顿我的心"的差别。安顿我的心，是一份主动给出的爱，是我想这么做，是我因为这么做，心里真的更满足更安静，那里有一份很珍贵的甘愿；而讨好，常常伴随着一份不得不，如果我不这么做，会被惩罚、会被忽略、会遭受生气。因此，讨好是压抑了自己的需求去完成别人的期待，过度牺牲自己的结果，常常后来反而引发不可收拾的大爆炸。而安顿我的心，因为心甘情愿，因而有机会在关系里得到满足，得到生命的完成感。

这里，有一个很重要的差别是："是我自己问自己，我要做什么？我要怎么安放我的心？"这里的我是主动的。而不是身旁的人怎么要求我对他们好的，不是爷爷怎么说要我更孝顺他，不是夫人说老公你怎么都不帮忙做家事……是我，为了面对死亡，为了想更完整地完成我的生命，因此用心地，在我的亲近关系上安放我的心。

## 透过给出爱，安放自己的心

回到生活里，我更单纯地活着了。我问自己，我对黄阿赧、黄毛毛的爱，有哪里可以表达、行动的？我问自己，我可以做些什么，让我的家人更幸福？我这样问自己，然后一个一个真实的行动，让我的心，一步一步更安顿在我身边亲近的人的心上。而我身旁的人，不知不觉，也开始有机会给出全然的爱，透过给出爱，安放自己的心。

那天，夜里九点三十五分，我从运动公园打完网球回到家，赶紧快快冲个澡，就一溜烟窝到三个小妞妞（黄阿赧＋黄毛毛＋夫人）躺着的床上，那是我很眷恋的睡前时光。听着夫人和黄阿赧正聊着当天在幼儿园里做凤梨酥、打小麦草汁等有趣极了的活动，一旁的黄毛毛吸着手指快睡着了。夫人突然下了一个指令，说："等一下我如果睡着了，你帮我给黄毛毛穿尿布。"我一想，要是健忘的我等一下也忘了，那尿湿了床垫就糟糕了。于是，我马上起身跟黄毛毛说："来，爸爸帮你很舒服的穿布布喔！"这阵子很眷恋妈妈的黄毛毛，拔出吸着的大拇指，大声不爽地说："我不要！我要妈妈换！"

我只好从黄毛毛那里，缩回黄阿赧的身旁。就在那个瞬间，黄阿赧小妹妹温柔地用她的手，拉住我的手，环绕过她的身体，把我和她的手一起放在她的心口。我被小女儿拒绝冷掉了的心，刹那之间就暖了起来。

当黄阿赧用她温暖的手，拉住爸爸的手，安放在她的心口，黄阿赧小妹妹，给出了全然的爱，爱到了爸爸，这时，爸爸的心里有很深的满足感。我环抱着女儿，说："黄阿赧，你这样爱爸爸、对爸爸好，爸爸好开心喔！"在我的怀里，依然紧握我的手的女儿，灿烂笑容整个绽放，美极了！我真的没有办法用讨好这两个字，来形容黄阿赧六岁这年，在这个夜晚给出的这么完整的对爸爸的爱。我真的觉得，我们父女的心，在那个双手紧握的刹那，都安顿了。

于是我们给爱，于是我们好好接收爱，然后安顿的心，有机会存在我们亲近的关系里。好朋友之间的情谊、夫妻之间的情感、父母和孩子之间的情意，都是我们安顿的好所在。

## / 一个人享受，两个人享福 /

再来多讲一些，我从钱穆书里萃取而来关于亲近关系的智慧。中国文化里提到了五伦"父子、兄弟、夫妇、君臣、朋友"，钱穆说："中国人好像在五伦中忘失了个人，其实是在五伦中完成了个人。我为人父则必慈，我为人子则必孝。若依个人主义言，岂不为了迁就人而牺牲了我。但以中国观念言，父慈子孝，乃是天性……故为父而慈，为子而孝，此乃自尽己心，而亦成全了他人。断非迁就，断非牺牲。"

钱穆的这段话，在我心里，回荡许久许久。一代国学大师，下了这么重的词"断非迁就，断非牺牲。"我猜，我懂这么重的词，在说什么。

活在中国文化影响下的我们，当一个慈爱的爸爸，是天性。做到了，看到孩子满足开心，就有一种说不出的满足感。不是孩子要求我们当一个慈爱的爸爸，而是我们自己很想这么做（这就是"自尽己心"）。当了爸爸的我，每回出差带训练，就会很想很想家里的两个女儿；孩子发烧生病，就会很牵挂很

牵挂……这就叫作天性。所以，当然不是迁就，当然不是牺牲！（断非迁就，断非牺牲）

不仅不是迁就、不是牺牲，还是很珍贵又真实的天性。是一旦完成了，会同时完成了自己，也完成了别人。父母的慈爱给了孩子，孩子接收了，就满足了；孩子的孝给了父母，父母接收了，也能满足没有遗憾了。于是，从这个角度来说，那些如果我们做了以后，会深吸一口气说："这样人生就没有遗憾了！"的那些种种，不就刚好是我们面对死亡，所要做的准备。从钱穆的观点来看，就是把我们的心，安顿在别人的心上。用我简单的语言来说，就是，好好地对人好。

刚结婚时，跟夫人去了一趟日本北海道旅行。有一天，来到洞爷湖国家公园里，一个坐落在整个笼罩在白雪山头的温莎酒店，安静美丽到了极点的饭店。从饭店房间看出去，可以见美丽的湖、纯白色的山，泡汤的时候，细细的白雪就这样轻轻地落在冒烟的脸上……

一直记得的，是刚要走进这个美丽的饭店门口时，同旅行团的一个五十几岁的妇人，对着她的老公（依稀记得是个快退休的小学老师）说："老公，你带我来这里，我这辈子嫁给你，值得了。"

这句短短的话，让我很触动，也可能是我听过最美的情话了。可以想象，这对平凡的夫妻，经历了大家都经历的生小孩、照顾孩子长大、照顾老人家、还房贷、身体病痛、职场上的钩心斗角、人生的种种辛苦与不完美……而今，在这个安静又美丽到了极致的饭店门口，这个太太，觉得嫁给这个老公，没有遗憾，觉得这辈子的付出，值得了。这个刹那，就是一种完成。

先生对太太有一份情，因为很多的愿意，安排了这趟旅行来爱太太；而太太，完完整整地接收到了，爱，就完成了；而先生的心，也安放在太太的心上了。彼此的安顿，在这个刹那完整地发生了；因为安顿了，人生的使命，就完成了一部分。这样的事情，多发生几次，安顿了一个部分又一个部分，人就有机会逐渐准备好"随时随地可以死"。

## 在关系里安顿完成

钱穆说："佛家之涅槃，耶教之天堂，老子之无为而自然，都属憧憬此（无限）境界。孔子则吃紧为人，把捉此一段有限之生命，即在此有限中下功夫，只求此有限之完成……"

我自己常常很羡慕我的夫人拥有天主信仰，在她的心里，死亡，是到了另一个再美好不过的地方了，没有苦痛，只有喜乐。我自己信妈祖，从小妈妈牵着我的手，到大甲妈祖庙拜拜，每回妈祖进香回来，热闹非凡的街上，来自各地的摊子，满满的人在妈祖庙旁的夜市，那是我童年少数丰富又欢乐的记忆。

我信妈祖，所以，得永生，这不是我根深蒂固打从心底而来的相信。当我看到钱穆写着"孔子则吃紧为人，把捉此一段有限之生命……"我的心大大地被震了一下！那个震一下，是在说"对对对！这是我能相信的，这是我可以化为行动的！"这样的哲学观，说的是：把握住这一生有限的生命，下工夫好好活着，好好付出，好好完成真正想完成的。这样的观点，让我可以打从心底接进来，然后开始好好去做，同时可以想象，当我做到了这些，那么临死前，我真的会少掉很多遗憾。

有意思的是，西方心理学非常强调自我实现，说的是我们有一个理想我，还有一个现实我。理想我充满了对未来的憧憬与期待，而现实我，是当下的处境。自我实现，说的是，我怎么从现实我，走向理想我。上面的这一段短短的话，就出现了七个"我"字。出现这么多我，反映了西方心理学的个人主义哲学基础。个人主义讲究的是个人的自我实现，自我实现的概念，透过北美心理学的强势传递，散布到了全世界，然后很多很多人，都不假思索地，就把这样的观点当作是普世皆然的。三思啊，三思！东方文化，不怎么讲实现，讲的是"完成"。

我们的文化看重这一份"完成"，从五伦里"完成"，也就是从关系里"完成"。我自己常常爱想东想西，最近想着一个挺有趣的观点："享受"与"享福"的差别。我们的语言里，会这么说：

　　"喔！你吃这么好，很享受喔！"
　　"哇，生意这么好，你一定很享受赚钱的快感！"

> "专业发展到了顶峰，你一定很享受那一份成就感。"

这"享受"，常常是很个人的。

而"享福"，常常是在关系里完成的。

我们的对话里，会这样说：

> "哇！含饴弄孙，安享天年，真是享福啊。"
> "你爸妈准备一栋房子让你们夫妻不用背贷款，真是祖宗积德，有福气呀！"
> "你真好命，享齐人之福！"（这个举例是有点怪怪的，但却是不少人偷偷期待拥有的福气。）

似乎，常常可以自己控制、自己努力求来的，是享受；而在关系里拥有的，是享福。我们生活的氛围里，有时候，觉得福气比享受来得更深刻。我猜，是因为享福是"完成"的征兆之一。因为在关系里好好付出，吃紧为人，对爸爸妈妈好、对太太先生好、对儿子女儿好，这些，都是享福。付出本身，已经是享福，收获，更是享福。

好几年前有一天傍晚，在厨房与客厅的交界之处，刚学会走路的黄毛毛，用心保持站立姿势，拿着电话，假装打电话，大声说"妈！"黄阿赧小妹妹开心地说："妈妈！毛毛叫你妈耶！"（黄阿赧会这样说，是因为毛毛已经叫了一个月的爸爸，但是不会叫妈妈。）正在煮馄饨的夫人，转头微笑，极致温柔地看着毛毛说："你在打电话给妈妈喔！"

我坐在书桌前，满足地看着这美好的一幕，这个刹那，孩子爱着爸爸妈妈，爸爸妈妈也深爱着孩子。我们，都正在享福；我们，都正在完成。

去五星级饭店度假、喝下午茶，我们会说真是享受。一大家子塞满了整车的行李，开着车去环岛，我们会说，能这样全家人一起出游，真是有福气。有时候，带着家人一起旅行，真的是非常累人的事，同时，当有一个刹那，看见孩子在游泳池里玩水的自由奔放、在沙滩上尽情奔跑的笑容，突然会觉得："值得了！这样旅行的奔波辛苦，值得了。"这个跳出来的念头"值得了"，就是很直接的一份在关系里安顿了自己的心。因为，在孩子无价的笑容里，我们当父母亲的人生任务，有了一种完成。

亲爱的朋友，在关系里完成自己，就正好是钱穆说的"人伦作对"。这里的"作对"指的是，关系里的完成，常常不是单方向的，而是双向（成对）的联结感。我对你好，而你接收到了我的好，因而自然也给出对我的好，这样的给与收，就像是扑克牌的对子一样，一起发生的时候，特别美好；也像是打网球的双打组合一样，一起努力，就有力量。

如果我们用心、单纯地爱着身边的人，而正好身边的人也愿意爱着我们，那么爱就完成了。于是，说不定，对于死亡的害怕，会悄悄地变得小了一点点。

时间：2024 年 7 月 19 日

地点：台中

这一天，各地赶来的咨询师、社工师们，群聚在这个有剧场舞台的场地里，这是连续五天的治疗美感工作坊最后一天的傍晚，五天十场的治疗示范刚刚落幕。半小时前，治疗示范最动人的时候，好多人都落泪了，好些人不知不觉间连着五天都静静地落泪，而流出的眼泪一天比一天清澈舒畅。

明亮的灯光刚刚才熄灭，原本坐满了一百零八人的座位里，流动着很舒服的南王部落的原住民歌曲，像是跟各处来的专业人士轻轻说声再会。离舞台很近的地方，刚刚完成第十场示范的五十五岁的治疗师，胡子有点花白了，松了一口气，眼睛柔和地看着几位年轻充满热情的学习者，温和地响应着一个又一个热切的问题。

离舞台没有太远的一个角落，一个长发及肩的十八岁少女，大大的晶莹剔透的眼睛，美丽的眼神落在有着花白胡子的治疗师身上，带着喜欢的口吻，轻声跟一旁的朋友说："那是我爸爸。"

写上面这段文字的时候，我的眼泪数度夺眶而出。如果，今天的我眷恋着安逸的儿童戏水池，不敢跨步走向大江大海，这个让我感动的场景，就不会有发生的可能。

2013 年的我四十三岁，十二年后，我五十五岁，胡子可能有些花白了吧！对于心理治疗专业，我有很深很深的深情。于是我许愿，五十五岁的我，请老天爷保佑我，有这么一天，我会拥有美好的智能与能力，让想帮助人的朋友们向往，愿意搭飞机来一起学习。那一天如果来到，可爱的女儿黄阿赧，刚好十八姑娘一朵花。

在一直轮转的时间河流里，什么，要深情？什么，能不眷恋？我喜欢对人深情，我愿意对人的辛苦与挣扎深情，我喜欢深情地凝视女儿，想着有一天她长大以后会有的样子。我对环境的改变，不眷恋。环境总是一直变一直变。

环境总是会变，而能力，也会随着时间持续地变化着。十五年前的我，开始尝试教书，在新竹的社区大学教可爱的社会大众，一堂课一堂课的准备，幻想着有一天我成为大学教授，会是多么美好的事。十年之后，梦想成真了，我真的当了大学专职教授，可是，十年来累积的好能力，一不小心，似乎已经可以做更多的事情了。

在生涯发展的过程里，如果能力增长了、变化了、重视的价值观移动了、不一样了，就有机会选择不眷恋。我累积了的治疗功力、阐释助人历程的精确能力，逐渐地到达可以提供专业咨询师训练的状态，已经改变到了这里，就是不眷恋过去梦想的时候了。

## 不眷恋的门票：活在生命的流里

几年前一个周间的下午时分，在摩斯汉堡小小明亮的空间里，我听着一位清秀认真的高中辅导老师说着话，她说着这几年来如何热爱自己的工作，期望能做得更好，我听着听着，心里赞叹："哎呀！这样热爱自己正在做的事，真是活在生命的流里呀！"

"活在生命的流里"，是我的好朋友王理书常常使用的话。我的理解是：在生命的这个阶段这个时刻，如果我们活在生命的流里，我们会自然地活跳跳，会有热情，会有意义感，会有爱的流动。

那天从摩斯汉堡回到家里，刚好接到一通电话，电话那头是几年前的同事，学成回到系上教书。电话里的她，急切地表达着对于我这个同事决定专心做咨询训练的不解："唉，黄老师你教书教得这么好，学生最爱的就是你了，你怎么不教了，我自己当老师的，以前看系上的学生那么爱你，都很吃味的！"我听完微笑回答："谢谢你这样说，那是前几年的事情了，现在热情少很多了，谢谢你啦。"

对于同事口中描述的那个"学生很爱你的"的世界，说真的，是不眷恋的。我的确享受被喜欢、被崇拜、被羡慕，但是为什么不眷恋呢？不眷恋，是因为那曾经是我生命的流，六七年前是的；现在，不是了。

四手联弹工作坊，是我最近三年多来，很享受和黄锦敦、林祺堂一起合作带领的治疗美感工作坊。很幸福的是，这两位投入生命情感的叙事治疗工作者，不但是我专业上尊敬的同侪，也是我生命中的好朋友。

我们一起合作四手联弹时，每天早上会有两个半小时的治疗示范时间，会有一位成员自愿当被访问的主角，我总是享受看着主角被好奇地倾听、慢慢问，一点一滴地收集小故事，然后看见转化与移动在不知不觉中发生……因为我常常负责最后一棒，于是有充裕的时间，安静又赞叹地看着锦敦温柔又安稳地碰触着生命故事的入口，敲敲门、按按铃，从门缝里感受里头的温度与光线；锦敦交手给祺堂之后，我开始在祺堂清晰的结构问话里，看见生命的大景与色彩的组合，然后在奇妙的问与说里，会突然发现主角看待自己的眼光，开始有了颜色的变化，那个刹那，我会有一个更深的懂了的深呼吸……然后，祺堂会听懂我的深呼吸，说："哈克准备好了，我们把时间交给哈克，好吗？"这样，自然地把最后一棒交给我。

接下来，我走到音响旁，选了音乐，拿起麦克风开始说话。说我听懂了的主角的心，用隐喻故事，说心疼、说了解、说挣扎、说那些原本因为困住而看不见的可能……

两个半小时的时间里，除了倾听主角的内在，我们还要感受彼此的律动与心意，然后接住上一棒，做好自己这一棒，传给下一棒。不管谁先谁后，我们其实都是一起的。祺堂上场的时候，我常摇头赞叹，深呼吸与叹息声，我们彼此都听得见；锦敦上场的时候，我常常流泪感动，流泪的表情，回荡在场子里；我上场放音乐说隐喻故事的时候，祺堂常常闭上眼睛，一边摇头一边微笑，而锦敦总是虔诚的合上双眼，头侧一边专注地听着，就像太鼓的合作演出，鼓声隆隆，鼓棒举得与天一样高，但是我们听得见彼此的鼓声。在生命的这个时刻，在和好朋友一起合作的当下，我知道自己真的活在生命的流里。

我的父亲五十岁就从高中老师的位置退休了，退休后的这二十几年，父亲每天早上五点起床，做热身运动，骑脚踏车去海边看海捡海瓜子，回家吃简单的早餐、看书，然后看电视运动频道的网球和撞球，中午睡午觉起来看一部电影，下午骑脚踏车去街上，有时候会送自己种的兰花去给大甲街上开店的学生摆漂亮的，傍晚去田边看夕阳。这几年，多了一点点不一样，就是和两个可爱的孙女玩。我的父亲二十几年来，都活在平凡单纯、平静又不求人的生命流里。

我们家夫人，生孩子之前是大学咨询中心的专任老师，学生爱她，她也很爱做咨询与督导。只是几年后，生命的河流移动到了新的位置，于是，夫人做了新的选择，不眷恋于享受与掌声，离开专职工作，选择当一个有充裕时间照顾女儿长大的妈妈。于是，营养的均衡、幼儿园的选择、玩具适时更换、生活常规的训练，都成了夫人这个生命阶段的重头戏。那天，夫人跟我说："我今天最快乐的时刻，是黄阿赧睁开眼睛的时候，对我微微一笑。"那个刹那，夫人好好地活在让爱得以顺畅传递的生命的流里。

如果，能够觉察自己在生命的这个时刻，是不是活在生命的流里，那么，就能够选择停留在上一个选择里，或是不眷恋地移动到下一个选择。所以呀，在生命的重要时刻，可以停下来问："现在的我，是活在生命的流里吗？"过去几年，你最享受的是什么？最近的你，还享受吗？如果享受，那真幸福。如果不再享受了，不再有热情了，那么，你生命的流，流到哪里了呢？

因为深情，所以奋力，因为深情，所以坚持，所以停留许久。而比较难的，是深情许久的种种，在种种改变之后，是不是也可以不眷恋的，深深吸一口气说声再见，然后，大声地呼出一口气，完整迎接下一个当下，大声说："嗨！"

因为深情，所以生命有厚度的累积；因为不眷恋地移动到下一个生命的流里，所以，可以能量流动地活得好；因为能移动，所以能找到活得更好的可能；因而能好好对待身旁的人，这样一来，亲近关系，就更有机会发生了！亲爱的朋友，什么是你依然眷恋的？什么会让你想迈开大步迎风向前、让你大声唱起那首歌："出发吧！别问那路在哪。迎风向前，是唯一的方法！"

# 附录  爱亲近， 亲近爱

关于本书的讨论提纲，供读书会、团体共读使用

• 阅读时，哪些句子让你忍不住"停留"，哪些段落让你忍不住读慢一点、忍不住多读几次，忍不住就想起了自己的经验？请你分享这些句子，分享你与这些句子的联结。

• 阅读时，哪些句子让你心里会冒出一个声音："诶！我想要在生活里试着这样跟自己说话。"请你分享这些句子，说说你挑中这些句子的心情、想法、生命故事……

## 第一部分  如何拥有亲近关系？

### 1  他，是我要的人吗？ ——盆栽与大树

• 在你的情爱关系里，如果用一个东西来代表的话，你像什么？对方像什么？

• 目前在你的关系花园中，是怎样的风景呢？花园里有些什么呢？

### 2  耍赖，是关系里的一种测试——小花豹找小花猫的故事

• 面对情人的无理取闹时，不只是要响应"耍赖"的主题，更重要的是去响应耍赖的这个"情绪"。在生活中自己是否也曾出现过这种"耍赖"？而背后想要表达的情绪是什么呢？如果把它说出来，

可以怎样说？

- 感觉看看，自己或对方心中那个耍赖的孩子，是几岁呢？说说那个年纪的自己的故事。

**3　谈恋爱，不就是要认真吗？**

- 每个人幽默风趣的表现不一样，有什么是自己做了容易得到别人会心一笑的举动？
- 在经营关系中，除了认真、努力之外，自己还有什么特质可以为这份关系增温？
- "不是每件事都需要百分百认真，有些事情，就让它好玩就好"

**4　原来争吵可以不一样——我们重来一次，好吗？**

- 生命里，谁会让你心动想"重来一次"？是他/她的什么，让你这样愿意？
- "让火流过去"练习：深呼吸、摸一摸头、动一动关节、喝一喝水、视线转移一下、吐气说："让火流过去。"
- 为自己找出一个核心需求的数学式子，例如："吵架时不大声＝可不可以，有一个人真的能温柔对待我"。

我的式子是：

- 你在关系里，什么时候会陷入比赛、论输赢的状况？当这样的情况发生时，你会希望伴侣如何对待你？
- 看懂关系里的核心需求

  与想要好好维持关系的人吵架，真是一件会让人生气又难受的事。你是不是也有这样的经验？在还看不懂自己与对方在关系里的"不怎么合理"的核心需求时，常常在关系里撞得满头包。邀请你说一个关系里的争吵经验，让小组的伙伴或好朋友来帮你找找在关系里的"不怎么合理"的核心需求。

- 寻找重来一次的力量

很烦人的核心需求的后面，有一份渴求，有一份恳求，有一份从很早很早以前就有的期盼。在冲突中，愿意说出"重来一次，好吗？"的那个人，需要有很大的勇气与愿意；听到邀请，愿意深呼吸，说"好"的那个人，也要有很大的勇气与愿意。邀请你再读一次文章，找找看文章里的段落，分享看看哪些句子可以激发你重来一次的力量。

## 5　关系的满足，来自于让情有交会

- 请为这句话造句："来，来打开心，当我的心打开了，我将迎接的是……"
- 分享一两件在你的生活里"停不下来，迷失"的事情。
- 你过去一整年的生活里，最想记得的是哪些事？

## 6　爱，是彼此凝视，才有的

- 在这一星期里，试着去"凝视"你的一些重要关系人，像是爸爸、妈妈、先生、太太、小孩、挚友……在下次的聚会中分享你的发现。
- 对你而言，照顾和宠爱的差别是什么？你什么时候处在照顾的位置，什么时候是在宠爱的位置？
- "带着时间长度的眼睛看一个人，就不容易被他现在的样子困住：有机会重新看见并且接近身边的这个人"，把你们相识的时间，划分为三到五个时期，来说说不同时期的你和他是什么样子？彼此最享受的时刻是什么？

## 第二部分　播下亲近的种子，让爱成为一种能力

**1　表达之前，先懂自己——小熊拿箱子的故事**

- 为自己寻找一个自我认同隐喻，为自己创造能觉察自己、好好表达自己的语言文字。

**2　关系的头号杀手——情绪的瞬间位移**

- 说说你曾有过"情绪瞬间位移"的小故事。瞬间位移前，你会有哪些信号？如果翻译者出现了，他会怎么帮你说话？

**3　忍住原本被写好的对白——情绪瞬间位移的第二帖药**

- 透过"滋养关系"的小活动，你对自己记录下来自动化反应的"行为思考情绪序列"有什么样的发现？而这样的发现会如何影响你的亲近关系？

**4　用麦克风预告——情绪瞬间位移的预备解药**

- 在这一篇里，有哪个部分的故事让你很有感觉？你有过类似的经验吗？你会如何运用"麦克风"的预告在这样的经验中？

**5　小改变就能让我们更亲近——我不完美，但我有很多的美好**

- 在关系中感到被否定而爆炸的时候，常常是因为内心深处无法接受不完美的自己。认真地想出三个关于自己的美好，例如"我打球开心是美好""我乐于与好友分享好东西是美好""我唱歌尽兴是美好"，试着在感觉被否定后回忆起这三个句子（也可以把这三个句子写在一张小卡上，当作自我砥砺的小撇步）。

- 分享一两件你与伴侣的争吵戏码，透过这样的分享，你看见自己与对方的死穴是什么？当这样的戏码下次再发生时，你可以加入

哪些新的好东西？

**6　有症状出现，或许是你准备好了——许给自己一个家**

- 在这次聚会的现场播放 CD，享受这段约十分钟的内在旅程，完成后与其他成员分享在其中的经验。

## 第三部分　心暖了，爱就在了

**1　等待，是一种必然**

- 说几个在关系中曾经很受不了对方的行为，但你是怎样做出"让"，而让情况没有恶化的？

- 在关系里，"让"是一份愿意，是一份决定，更是一种能力。在你们的关系里，你做了什么，是你"让"了你们的关系？他又做了什么，"让"了你们的关系？

- 在一段关系里，有时候很煎熬，你用了什么方法，可以让自己继续爱？有时候是回忆刚开始在一起的美好、有时候是想象一起走到未来的期待、有时候是把更多的爱回到自己的身上？你呢？用了什么样的好方法，让自己在一段关系里，继续爱？这个爱有时候是爱自己，有时候是爱对方，更有时候是爱这样的一段关系。

**2　不放大痛苦来控制对方**

- 你有"嗷嗷叫"的习惯吗？分享一两个自己的经验。

- 亲近的关系里，有没有人常透过"放大痛苦"来控制、威胁你呢？请分享你的经验，并说说当下你的心情、感受和想法。

- 问问自己：你是否也会使用"放大痛苦"这个策略？你最常放大自己哪些痛苦呢？你常在谁的面前放大痛苦？

**3 我可不可以是这个城市的风景？**

- 生活里，有什么事情会让你投入去活、投入去爱、投入去给、投入去看？

**4 亲爱的爸爸，我要谢谢你——因为都说了，所以就不怕了**

- 找一个安静的时刻，让心里自然浮现一个对象，拿出笔或计算机，写下："亲爱的某某，我要谢谢你……"

**5 心暖了，家就在了**

- 三口井在，你的人生就容易流动，但如果这三口井干枯了，那人生也很难精彩。仔细看看你的三口井各在哪里？各是什么样的温度？而你现在最有力气去加温哪一口井呢？你可以多做什么或少做什么，好让这样的一口井温暖起来？

**6 刚刚好的自责分**

- 想个你愿意而且有能力去做的善行，规划一个好日子（一个月内）认真地、彻底地执行计划。
- 分享几个你人生中"如果那时候……"的小故事。
- 分享几个你人生中"还好，那时候，我有……"的经验。

**7 爱你，不是讨好，是在安顿我的心**

- 我对于身边的人做什么，是在安顿我的心在她/他的身上？这样做不是讨好，而是在为自己好。

**8 一个人享受，两个人享福**

- 你现在的生活里，发生了什么是享受？发生了什么是享福？而这样的比例，可以如何调整？有时候让自己享受多一点，有时候让自己享福多一点。

**9 深情而不眷恋**

- 过去几年，你做什么事是最享受、流动的时刻？最近还有享受吗？如果还有，那真好！如果没有呢，那你生命的流，想要流到哪里呢？

**图书在版编目（CIP）数据**

让爱成为一种能力：在亲密关系中学会爱的艺术/黄士钧著. —
北京：北京师范大学出版社，2018.2（2019.1重印）
　ISBN 978-7-303-21902-5

Ⅰ.①让…　Ⅱ.①黄…　Ⅲ.①心理交往－通俗读物
Ⅳ.①C912.1-49

中国版本图书馆 CIP 数据核字（2017）第 013679 号

营　销　中　心　电　话　　010-58805072　58807651
北师大出版社高等教育与学术著作分社　　http://xueda.bnup.com

RANGAI CHENGWEI YIZHONG NENGLI
出版发行：北京师范大学出版社 www.bnup.com
　　　　　北京市海淀区新街口外大街 19 号
　　　　　邮政编码：100875
印　　刷：北京盛通印刷股份有限公司
经　　销：全国新华书店
开　　本：890mm×1240mm　1/32
印　　张：6.625
插　　页：4
字　　数：126 千字
版　　次：2018 年 2 月第 1 版
印　　次：2019 年 1 月第 2 次印刷
定　　价：42.00 元

策划编辑：关雪菁　　　　　责任编辑：关雪菁
美术编辑：李向昕　　　　　装帧设计：李向昕
责任校对：陈　民　　　　　责任印制：马　洁